弘文馆
HongWenGuan
書行天下

YU XIANG & WORKS

张晓风
著

玉想

九州出版社
JIUZHOUPRESS

重读晓风《玉想》，兼怀李霖灿老师

蒋勋

张晓风的《玉想》要重新出版了，我把这一册大多写于上世纪八十年代的散文拿在手中重新读了一次。

读着读着，觉得午后河边乍明乍灭的阳光真好，隔着河，对面的大屯山一带白云卷舒，或来或去，配合着时起时落的潮声，我就放下了书，跑去找台南朋友新寄来的今年刚收的春茶。

《玉想》是要有一盏“春茶”搭配着读的。

这些近三十年前都读过的文字，在春茶的新新的喜气得意的滋味里，一一在沸水中复活了。

晓风写这一系列文字的时候我们常一起出去玩，有一个“花酒党”这样的名字，五六个人，七八个人，带一盅酒，听闻什么地方有好花，好山水，便一路杀去，盘旋数日。

我跟晓风、慕蓉去过南仁山，中央山脉到尾端的余脉，低矮丘陵起伏，很像黄公望八十二岁的名作《富春山居图》。那时候两派学者正为了故宫两卷《富春山居图》孰真孰假闹得不可开交。从乾隆皇帝开始就闹不休的“双胞案”，到了山水面前，忽然想起黄公望在“无用卷”卷末写的“巧取豪夺”四个字。也许黄公望一生卖卜为生，到了八十二岁真的卜算出了这张画要到人间去经历一段“巧取豪夺”的沧桑吧。

被称为“元四家之首”的黄公望，八十二岁的名作，不再只是“名作”，而是一堆“巧取豪夺”的“欲望”。在不同的人手中流转，有人为这张画倾家荡产，有人为这张画死时不能瞑目，吴洪裕因此要侄子烧起火来烧画殉葬，却没想到烟火腾腾，画烧成了两段，死者瞑目了，活着的人还是从火堆中抢出，前段成为《剩山图》，历经大收藏家吴湖帆的手，最后进入了浙江博物馆。后段较长一段也历经不同人收藏，最后入了清宫，被乾隆当成假画，1949年随故宫南迁，到了台湾。

做学生的时候，有幸随庄严老师、李霖灿老师一起看画，拿出一卷《富春山居图》，四五个研究生，一面跟老师聊天，一面努力做笔记。

我是不用功的一个，不知道为什么总惦记着元代一张纸上什么地方无意间滴下一水痕，或汗，或泪，或是某一春日不经意的雨滴，留在上面，没有人觉察，水痕婉转，却随岁月成为沧桑的斑驳，那就是大书家所说的“屋漏痕”吗？

我也惦记着画上在明末清初留下的烟火记忆，在灰烬的边缘，一点点惊恐险绝的遗迹。

晓风像是在谈“玉”，谈“陶瓷”，谈中国艺术中的颜色，谈刺绣，其实，也许我们有一样的毛病，谈着谈着，会情不自禁，跑去专心凝视一块玉上的“瑕疵”。晓风说的“瑕疵”，是书画里的“屋漏痕”，是玩古玉的人津津乐道的“沁”。因为入了土，那玉和石灰，松脂，人的骨血，动物的腐尸依靠在一起，年月久了，玉石上就有一块去除不了的“斑”，或赭或灰，或如发丝，或如血脉，或如泪痕，丹心要化为碧，便是“沁”这个字。“沁”是如此深的记忆，“沁”入肺腑，是对抗岁月，对抗毁灭的惊叫。

中国的美学，要看到黄公望“巧取豪夺”之外的岁月的痕迹，才会有带着泪痕的惊叫。

那时候在《富春山居图》长卷前面，李霖灿老师没有说什么话，他似乎对争辩笔仗都不感兴趣，他谈中国艺术的文字像诗，不像论文。

这个原来杭州艺专出身要做画家的学者，因为战争，误打误撞走了西南边陲的大山，遇到沈从文，知道生命里有许多意外，像晓风在《玉想》中说的“错误”，李老师和南迁的故宫书画注定要走在一起，走到台湾，注定要在他的凝视下，看到一千年前藏在《溪山行旅图》树丛中“范宽”这两个字，找到目前全世界唯一可以确定的“范宽”的真迹。

我带学生到故宫看《溪山行旅图》，指给他们看树丛中隐藏的名字，他们觉得奇怪，“怎么一千年来都没有人看得见？”

“问得好！”我心里想，这个名字是注定要在一千年后在台湾由李霖灿看到的，就像“沁”这个字，必得要有一个“心”字，没有“心”，玉也只是一块石头，缠绵也只是一堆乱絮，陶瓷不过就是土胎而已。

晓风有心，所以有了《玉想》，《玉想》谈中国艺术之美，也像诗，不像论文。

我看的《玉想》有李霖灿老师在1990年写的序，序写完，李老师故去。我重读《玉想》，想到的是李老师最后一次到东海建筑系评图，忽然打电话找到我，说要来我美术系办公室坐坐。

我的办公室是东海旧图书馆晒书后废弃的空间，没有人要用。

我喜欢它两边透光通风，早午都有阳光，挂了竹山民间制作的细竹帘，光线筛过竹帘空隙，就如一卷静静的宣纸，户外树影云影都可以在上面留痕迹。

李老师坐定，环看地上阳光，阳光中树影云影风光摇曳，忽然转头跟我说："蒋勋，我们都是命好的人，一辈子都在看美好的东西。"

2009年初春，重读《玉想》，想到李老师说的"命好"，想到同样"命好"的一些朋友，想为老师奠一尊酒，窗外云岚变灭，潮起潮落，可以珍惜的还是朋友寄来的春茶在舌口上留着的一段余甘。

2009年2月25日于八里

（蒋勋先生，曾任《雄狮》美术月刊主编、台湾东海大学美术系主任。现任《联合文学》社长。艺术论述有《美的沉思》《天地有大美》《肉身觉醒》等。）

写下来，真好（自序）

(1)

咦？它是谁？它怎么会出现在我家门口的公园里？它是真的吗？

是晴暖的礼拜天早晨，我做完礼拜回家，刻意早一点下车，打算穿过这个长着二十棵树的小公园，并且姑且算它是一趟森林之旅。

然而，我竟遇见它，它似乎正在喝水龙头流出来的积水，它不动，我想知道它是不是真的？或者只是一个塑像？我走近，坐在一张长椅上，定睛看它。它是一只大约四十公分的鸟，我看到它的颈绶在风中飘动，但我仍不敢相信它是真的，这年头假东西都做得很像呢！

但我又不忍心惊动它，如果它是真的，它当然该有它不被打扰的权利。于是我坐着，定定地看它。

终于，它转了一下头，我才知道它是真的！在地球的某一经纬度上，我曾买下我家住宅，公园在我家门口，我在这个空间上生活了四十年的时间。然而，公园里一向只有从人家家里逃出来的鸽子，还有麻雀和绿绣眼，偶尔有白头翁，至于这种大型鸟，比鹭鸶还肥大的鸟，我是从来也没见过呀！

确定它是一只真鸟以后，我又看了它两个小时，它没有动作，我也没有，我只惊奇，它是谁？它怎么会忽然现身此地，这事得去问刘克襄，反正我一切有关鸟的事都去跟他打听。两天后我找到刘克襄，并给他看照片：

“哎呀！它是黑冠麻鹭啦！”行家是不用看第二眼的，“最近它也出现在大安森林公园里，不料连你家门口的小公园里也有它们的踪迹。”

哦，原来它是黑冠麻鹭。

“你记得吗？十几年前了，”刘克襄又接着说，“那时候有人想把大安森林公园弄成运动场地，你写文章反对，后来还是维持了原议。而现在，台北市居然就有了黑冠麻鹭了，你看，这是你争取来的呀！”

什么？这只鸟的出现原来和我也有那么一点关系，原来它有今日的一枝之栖也跟我当年力争有关？这件事我已忘了，连那篇文章去了哪里都不记得了。可是，却有一只黑冠麻鹭来报讯，来跟我打个招呼。大安森林公园离我家不远，它可能住在那里，偶然飞过街来看看。

真是谢谢克襄，我自己都忘了的事，身为编辑，他却是有记忆的。我原来只想问他一只鸟的名字，他却告诉我更多，他要说而没说的是：

“嗨！你知道吗？写下来，这件事很好喔！写下来，表达了，成功了，十几二十年后，你会看到绩效！”

(2)

顺着克襄的话，我想起不久前专栏作家协会去桃园参观，车过某地，负责招待我们的东年忽然请车开慢一点，他说：

“你们看，这是桃园神社，是日本时代的木结构建筑。当年要拆，是晓风老师写文章骂了才救下来的，现在，却是我们重要的观光景点了。”

我当时也吓了一跳，1985年，我用可叵笔名写了一篇《也算拦舆告状》给当时的徐县长，这事居然也就蒙天之幸把房子救下来了。1981年前后，高信疆所主持的《时报·人间版》大力鼓吹报道文学，附带的，抗议文学也就跟进了，抗议而能成功，二十年后就一切见真章。

(3)

“写下来”的好处还不止这些，例如我写过孙超的陶艺，当时也很想写他的妻子关郑，但时机稍纵即逝。如今关郑已走了两年了，患类风湿关节炎的她是怎样苦撑苦熬才努力扮演了贤妻的角色，那真该是一篇字字含泪的文章，可惜已经没有机会了。

相较之下，我写了林渊，他虽已走，但我较少憾恨，觉得他和他的作品，都绵绵长长地活在那里。在石雕里，也在文字里。

(4)

“你只能写抒情文。”

我的中学老师如此告诉我，我也深深相信。

我渐渐才知道我错了，十几岁的我并不是不会写说理文，而是我那时根本不知道自己有什么理，心中没有什么道理的孩子哪里说得出理来呢？但等我把自己整理好，居然年已四十了。

《玉想》这本书是我中年之际写的，也必须到这个年纪才能说出对玉石的想法，对彩色的见解，我把道理说出来了，我很高兴自己做了这件事，写下来，真好。

(5)

经过十九年，九歌打算把《玉想》这本书重新付梓。我在重校旧稿时，心中充满感恩和喜悦。唯一的悲伤是当年作序的李霖灿老师这一次来不及看见了，他于1999年病逝美国。啊！算起来也是十年前的事了。

记得有一次我开车载李老师和胡品清老师去阳明山二子坪走走，老师非常高兴，后来还好几次打电话来说：

“真是个好地方啊，没想到这么邻近之处（老师住外双溪故宫的宿舍），也有这么一处有意思的地方啊！”

老师是见过大山大水的人，实际世界里的大山大水，以及画纸上的明山秀水，他一再谢我二子坪之游其实也只是对后生的仁慈，我能“被他所写”，也真是幸运。

(6)

新版《玉想》，又增加了三篇文章，是为《长生殿》、《牡丹亭》以及国光“鬼·疯系列”演出而写的。能为国剧作些诠释原来并不在我的人生规划里，但人生又哪里是我们所能一手擘画的呢?

(7)

总之，能写下来，真好。至于它是琼浆，还是糟醨，也就交给时间去辨尝吧!

张晓风

2009年3月

（如果算阴历，就是己丑年如月。如月，就是2月的意思，指的是它继承了那份蓬勃，并使之更为一径前推，真是个有美感的月份。）

第二辑　低眉处

第三辑　有愿

目录

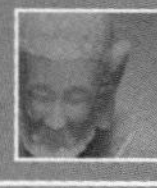

序

李霖灿

本书作者到外双溪来，请我为这本书写篇序，我毫不迟疑立刻答应，因为我知道读晓风教授的书是一种享受。为人家写序，不能不精读一遍，那享受就加了一倍。

看到的是三校清样，第一篇是《玉想》，是玉的遐想，第二篇是《色识》，论玉瓷色泽之命名，我看了这两篇放在顶端，忽然有所领悟，似曾相识，原来都在《故宫文物》月刊上拜读过，怪不得要我这个老博物馆员来题签作序。

在月刊上发表的时候，这两篇文章就照人眼明，以文学眼光来看故宫，以前未曾有此一格。若这样一路推衍下去，以她的精致思想和俏丽文笔，说不定会使人有所担心，它会不会使所谓文物研究从此而歧路亡羊？譬如说她说到李太白的寒山一带“伤心碧”，我就曾为之再三思考过，岂止色相中有此，元微之还有寥落古行宫，宫花“寂寞红”呢，若这样鱼龙蔓延发展下去，真不知要失落何方伊于胡底！

传云贝多芬在森林中散步，人问其所以然，他答道，每一棵树都有它自己的声音，此之谓天籁。本书作者在文章中论色泽天成，妙语破的，当亦是人间欣赏的最上乘吧！

而最令我欣赏不置的，却是文章中有人。这些人是平常人，同时也是非常人，而且一大半，还都是我的友人。如《火中取莲》的孙超，就是台北故宫博物院中我的同事。《天门》中的朱德群，他是我西湖艺专的老同学，我看到他的第一张油画时，便写信告诉他事有可为。在巴黎画了三十年画之后，他告诉我“画画要想”的一句名言，我在《雄狮美术》上为他写专文对这句话大加表扬。我到巴黎的时候，这位世界级的大画家放下了画笔，完完整整陪我逛了一个礼拜……

还有不少我佩服而不认识的非常人士，都在晓风生花妙笔之下，一个个栩栩如生地显现出他们的精神照人之所在。

最精彩的一段“故事”，当属之于《溯洄》这一篇了。天下竟有这样的奇事，三个东南西北之人，在大度山东海大学的艺术系里合开了一门“文人画”的功课，可算是咄咄怪事之一的例证。你说你的，我说我的，天南地北，各行其是，我真不知道这门美术史上的热门题目，归根到底是怎么样的一个教法?

只可惜我知道得太晚了一点，不然，真想也轧一角进去，来它一个百家争鸣，多少有趣!

更有趣的是这文章中的三主角，我都认识：袁德星（楚戈）是我台北故宫博物院的同事，他大难不死，别有深悟，在艺文界大展宏图令人敬佩。席慕蓉是蒙古人，正式的名字叫穆伦·席连勃，是“大江河”的意思，如今在海岛上图文并茂是艺文界的奇葩。写的文字太好了，画也画得诗意盎然，我忍不住打电话过去猛加赞赏。

蒋勋是东海大学艺术系主任，在大度山上又写又画，《美的沉思》是他近来的杰作，《雄狮》为他结集出版之后，连连增版，打破了艺坛售书的新纪录。

总之，他们都是五湖四海之士，在大时代的背景下偶然聚合在一起，不但创立了新艺术课程，还逸兴遄飞地开了一次联合诗书画展，真是扣人心弦。晓风教授持一管彩笔，为他们又作传又作记，许多精彩微妙的地方，令人读后拍掌叫绝，是伟大的时代，才有这种了不起的传奇轶事!

人都是平常人，一着笔就不平常；故事也平常，一经渲染，便不再平常。真的是人可入诗，诗可入画，平常心概括了众生相。我们周遭，有多少奇事异人，只需用慧心一照，用彩笔一挥，宇宙大千，嫣然多彩多姿美不胜收，晓风教授这册佳作在这要点之上启发无限，功德无量。

你若问我何以如此？因为我亦曾为人写入文章中，在四十年代，沈从文老师在《虹桥》小说中，把我写成李粲，艺专毕业后纠合了几位朋友到玉龙大雪山去闯天下，故事写出了首章，却被另一位故事中人李兰（李晨岚）一夜报告雪山奇景而遂告搁笔，因为他报告得太好了，沈从文师最后叹口气说："你说的美丽，超过了我的文笔，这篇小说是没法写下去了。"——我也曾为此埋怨岚兄不止，怎可以用口舌之快扼杀了一篇绮丽的小说，说不定这又会是一本《边城》杰作！

云岭、金沙江、玉龙大雪山自是不弱于茶峒沅水，但是我们这一批年轻朋友（包括改名夏蒙的夏明）反身自视，却也是如假包换的平常人，只因大文豪一挥彩笔，平常人亦顿生辉。因之，我在这个节骨眼上忽然有了顿悟，晓风笔下的形形色色人人事事，岂不是也可以作如斯观呢？平常人亦有血有肉，有执著深情，换一个角度观看，用另一个角度来描绘，也都可以挹其精彩，给人间增添色彩温暖，为世界增添亲密和谐。

如这本精致的书中有"受恩深处便为家"的警句（见《溯洄》写楚戈的第四小节），便说到了一项真理。这是对"故乡"的另一提示：生我的地方、住得最久的地方、自己最爱的地方，都可以叫做故乡或家，此中有多少温馨感人？台湾我一住四十年，这还不是我的家和故乡吗？一个人一生能有几个四十年？我和这岛上的山川树木早已融为一体了。

山川动人，蒋勋在同篇第九小节上曾加以引申：

山水——中国人的宗教。

不需诠释，不需批注，这话真惬我心，中国人在这方面自是与西方源流有所不同，但是确已接近了真理。

像这样的清辞佳句，本书中不知道有多多少少，真如琼瑶匝地，俯拾皆是，令人目不暇给。也使你我知道，这大好河山，这多情世界，正有不少好文章、好故事，等我们去采撷、去体认、去欣赏。有心人在这里已经微开其端，我们亦不妨玉成其说。西方大艺术家毕加索云：别人是东找西觅，在我则俯拾皆是，万变不离其宗，一切枢纽皆在于人，我们何妨于此细读锦文，亦不妨自挥彩毫，为人间情怀增慰藉，为大地河山加美丽，相互体谅欣赏，平添几段艺文佳话！

外双溪绿雪斋中

（李霖灿先生，曾任台北故宫博物院副院长，并于大学教授中国美术史二十余载，1999年病逝，著有《麽些字典》《麽些研究论文集》《中国美术史稿》《艺术欣赏人生》等书。）

给我一个解释（代自序）

（一）

后来，就再也没有见过那么美丽的石榴。石榴装在麻包里，由乡下亲戚扛了来。石榴在桌上滚落出来，浑圆艳红，微微有些霜溜过的老涩，轻轻一碰就要爆裂。爆裂以后则恍如什么大盗的私囊，里面紧紧裹着密密实实的、闪烁生光的珠宝粒子。

那时我五岁，住南京，那石榴对我而言是故乡徐州的颜色，一生一世不能忘记。

和石榴一样难忘的是乡亲讲的一个故事，那人口才似乎不好，但故事却令人难忘：

“从前，有对兄弟，哥哥老是会说大话，说多了，也没人肯信了，但他兄弟人好，老是替哥哥打圆场。有一次，他说：‘你们大概从来没有看过刮这么大的风——把我家的井都刮到篱笆外头去啦！’大家不信，弟弟说：‘不错，风真的很大，但不是把井刮到篱笆外头去了，是把篱笆刮到井里头来了！’”

我偏着小头，听这离奇的兄弟，自己也不知道自己被什么所感动。只觉心头甸甸的，跟装满美丽石榴的麻包似的，竟怎么也忘不了那故事里活灵活现的两兄弟。

四十年来家国，八千里地山河，那故事一直尾随我，连同那美丽如神话如魔术的石榴，全是我童年时代好得介乎虚实之间的东西。

四十年后，我才知道，当年感动我的是什么——是那弟弟娓娓的解释，那言语间有委曲、有温柔、有慈怜和悲悯。或者，照儒者的说法，是有恕道。

长大以后，又听到另一个故事，讲的是几个人在联句（或谓其中主角乃清代画家金冬心），为了凑韵脚，有人居然冒出一句“飞来柳絮片片红”的句子。大家面面相觑，不知此人为何如此没常识，天下柳絮当然都是白的，但“白”不押韵，奈何？解围的才子出面了，他为那人在前面凑加了一句，“夕阳返照桃花渡”，那柳絮便立刻红得有道理了。我每想及这样的诗境，便不觉为其中的美感瞠目结舌。三月天，桃花渡口红霞烈山，一时天地皆朱，不知情的柳絮一头栽进去，当然也活该要跟万物红成一气。这样动人的句子，叫人不禁要俯身自视，怕自己也正站在夹岸桃花和落日夕照之间，怕自己的衣襟也不免沾上一片酒红。《圣经》上说："爱心能遮过错。"在我看来，因爱而生的解释才能把事情美满化解。所谓化解不是没有是非，而是超越是非。就算有过错也因那善意的解释如明矾入井，遂令浊物沉，水质复归澄莹。

女儿天性浑厚，有一次，小学的她对我说：

"你每次说五点回家，就会六点回来，说九点回家，结果就会十点回来——我后来想通了，原来你说的是出发的时间，路上一小时你忘了加进去。"

我听了，不知该说什么。我回家晚，并不是因为忘了计算路上的时间，而是因为我生性贪溺，贪读一页书、贪写一段文字、贪一段山色……而小女孩说得如此宽厚，简直是鲍叔牙。两千多年前的鲍叔牙似乎早已拿定主意，无论如何总要把管仲说成好人。两人合伙做生意，管仲多取利润，鲍叔牙说："他不是贪心——是因为他家穷。"管仲三次做官都给人辞了。鲍叔牙说："不是他不长进，是他一时运气不好。"管仲打三次仗，每次都败亡逃走，鲍叔牙说："不要骂他胆小鬼，他是因为家有老母。"鲍叔牙赢了，对于一个永远有本事把你解释成圣人的人，你只好自肃自策，把自己真的变成圣人。

物理学家可以说，给我一个支点，给我一根杠杆，我就可以把地球举起来——而我说，给我一个解释，我就可以再相信一次人世，我就可以再接纳历史，我就可以义无反顾拥抱这荒凉的城市。

（二）

“述而不作”，少年时代不明白孔子何以要做这种没有才气的选择，我却只希望作而不述。但岁月流转，我终于明白，述，就是去悲悯、去认同、去解释。有了好的解释，宇宙为之端正，万物由而含情。一部希腊神话用丰富的想象解释了天地四时和风霜雨露。譬如说朝露，是某位希腊女神的清泪。月桂树，则被解释为阿波罗钟情的女子。

农神的女儿成了地府之神的妻子，天神宙斯裁定她每年可以回娘家六个月。女儿归宁，母亲大悦，土地便春回。女儿一回夫家，立刻草木摇落众芳歇，农神的恩宠也翻脸无情——季节就是这样来的。

而莫考来是平原女神和宙斯的儿子，是风神，他出世第一天便跑到阿波罗的牧场去偷了两头牛来吃（我们中国人叫“白云苍狗”，在希腊人却成了“白云肥牛”）——风神偷牛其实解释了白云经风一吹，便消失无踪的神秘诡异。

神话至少有一半是拿来解释宇宙大化和草木虫鱼的吧？如果人类不是那么偏爱解释，也许根本就不会产生神话。

而在中国，共工与颛顼争帝，怒而触不周之山，在一番“折天柱，绝地维”之后（是回忆古代的一次大地震吗），发生了“天倾西北，地陷东南”的局面。天倾西北，所以星星多半滑到那里去了，地陷东南，所以长江黄河便一路向东入海。

而埃及的沙碛上，至今屹立着人面狮身的巨像，中国早期的西王母则“其状如人，豹尾、虎齿，穴处”。女娲也不免“人面蛇身”。这些传说解释起来都透露出人类小小的悲伤，大约古人对自己的“头部”是满意的，至于这副躯体，他们却多少感到自卑。于是最早的器官移植便完成了，他们把人头下面换接了狮子、老虎或蛇鸟什么的。说这些故事的人恐怕是第一批同时为人类的极限自悼，而又为人类的敏慧自豪的人吧？

而钱塘江的狂涛，据说只由于伍子胥那千年难平的憾恨。雅致的斑竹，全是妻子哭亡夫洒下的泪水……

解释，这件事真令我入迷。

（三）

有一次，走在大英博物馆里看东西，而这大英博物馆，由于是大英帝国全盛时期搜刮来的，几乎无所不藏。书画古玩固然多，连木乃伊也列成军队一般，供人检阅。木乃伊还好，毕竟是密封的，不料走着走着，居然看到一具枯尸，赫然趴在玻璃橱里。浅色的头发，仍连着头皮，头皮绽处，露出白得无辜的头骨。这人还有个奇异的外号叫“姜”，大概兼指他姜黄的肤色，和干皱如姜块的形貌吧！这人当时是采西亚一带的砂葬，热砂和大漠阳光把他封存了四千年，他便如此简单明了地完成了不朽，不必借助事前的金缕玉衣，也不必事后塑起金身——这具尸体，他只是安静地趴在那里，便已不朽，真不可思议。

但对于这具尸体的“屈身葬”，身为汉人，却不免有几分想不通。对汉人来说，“两腿一伸”就是死亡的代用语，死了，当然得直挺挺地躺着才对。及至回国，偶然翻阅一篇人类学的文章，内中提到屈身葬。那段解释不知为何令人落泪，文章里说：“有些民族所以采屈身葬，是因为他们认为死亡而埋入土里，恰如婴儿重归母胎，胎儿既然在子宫中是屈身，人死入土亦当屈身。”我于是想起大英博物馆中那不知名的西亚男子，我想起在兰屿雅美人的葬地里一代代的死者，啊——原来他们都在回归母体。我想起我自已，睡觉时也偏爱“睡如弓”的姿势，冬夜里，尤其喜欢蜷曲如一只虾米的安全感。多亏那篇文章的一番解释，这以后我再看到屈身葬的民族，不会觉得他们“死得离奇”，反而觉得无限亲切——只因他们比我们更像大地慈母的孩子。

（四）

神话退位以后，科学所做的事仍然还是不断的解释。何以有四季？他们说，因为地球的轴心跟太阳成二十三度半的倾斜，原来地球恰似一侧媚的女子，绝不肯直瞪着看太阳，她只用眼角余光斜斜一扫，便享尽太阳的恩宠。何以天际无虹，只因为万千雨珠一一折射了日头的光彩，至于潮汐呢？那是月亮一次次致命的骚扰所引起的亢奋和委顿。还有甜沁的母乳为什么那么准确无误地随着婴儿出世而开始分泌呢（无论孩子多么早产或晚产）？那是落盘以后，自有讯号传回，通知乳腺开始泌乳……科学其实只是一个执拗的孩子，对每一件事物好奇，并且不管死活地一路追问下去……每一项科学提出的答案，我都觉得应该洗手焚香，才能翻开阅读，其间吉光片羽，在在都是天机乍泄。科学提供宇宙间一切天工的高度业务机密，这机密本不该让我们凡夫俗子窥伺知晓，所以我每聆到一则生物的或生理的科学知识，总觉敬慎凛栗，心悦诚服。

诗人的角色，每每也负责作"歪打正着"式的解释，"何处合成愁？"宋朝的吴文英作了成分分析以后，宣称那是来自"离人心上秋”。东坡也提过“春色三分，二分尘土，一分流水”的解释，说得简直跟数学一样精确。那无可奈何的落花，三分之二归回了大地，三分之一逐水而去。元人小令为某个不爱写信的男子的辩解也煞为有趣：“不是不相思，不是无才思，绕清江，买不得天样纸。”这么寥寥几句，已足令人心醉，试想那人之所以尚未修书，只因觉得必须买到一张跟天一样大的纸才够写他的无限情肠啊！

（五）

除了神话和诗，红尘素居，诸事碌碌中，更不免需要一番解释了，记得多年前，有次请人到家里屋顶阳台上种一棵树兰，并且事先说好了，不活包退费的。我付了钱，小小的树兰便栽在花圃正中间。一个礼拜以后，它却死了。我对阳台上一片芬芳的期待算是彻底破灭了。

我去找那花匠，他到现场验了树尸，我向他保证自己浇的水既不多也不少，绝对不敢造次。他对着夭折的树苗偏着头呆看了半天，语调悲伤地说：

“可是，太太，它是一棵树呀！树为什么会死，理由多得很呢——譬如说，它原来是朝这方向种的，你把它拔起来，转了一个方向再种，它就可能要死！这有什么办法呢？”

他的话不知触动了我什么，我竟放弃退费的约定，一言不发地让他走了。

大约，忽然之间，他的解释让我同意，树也是一种自主的生命，它可以同时拥有活下去以及不要活下去的权利。虽然也许只是调了一个方向，但它就是无法活下去，不是有的人也是如此吗？我们可以到工厂里去订购一定容量的瓶子，一定尺码的衬衫，生命却不能容你如此订购的啊！

以后，每次走过别人墙头冒出来的，花香如沸的树兰，微微的失怅里我总想起那花匠悲冷的声音。我想我总是肯同意别人的——只要给我一个好解释。

至于孩子小的时候，做母亲的糊里糊涂的便已就任了“解释者”的职位。记得小男孩初入幼儿园，穿着粉红色的小围兜来问我，为什么他的围兜是这种颜色。我说：“因为你们正像玫瑰花瓣一样可爱呀！”“那中班为什么就穿蓝兜？”“蓝色是天空的颜色，蓝色又高又亮啊！”“白围兜呢？大班穿白围兜。”“白，就像天上的白云，是很干净很纯洁的意思。”他忽然开心地笑了，表情竟是惊喜，似乎没料到小小围兜里居然藏着那么多的神秘。我也吓了一跳，原来孩子要的只是那么少，只要一番小小的道理，就算信口说的，就够他着迷好几个月了。

十几年过去了，午夜灯下，那小男孩用当年玩积木的手在探索分子的结构。黑白小球结成奇异诡秘的勾连，像一扎紧紧的玫瑰花束，又像一篇布局繁复却条理井然无懈可击的小说。

“这是正十二面烷。”他说，我惊讶这模拟的小球竟如此均称优雅，黑球代表碳、白球代表氢，二者的盈虚消长便也算物华天宝了。

“这是赫素烯。”

“这是……”

我满心感激，上天何其厚我，那个曾要求我把整个世界一一解释给他听的小男孩，现在居然用他化学方面的专业知识向我解释我所不了解的另一个世界。

如果有一天，我因生命衰竭而向上苍祈求一两年额外加签的岁月，其目的无非是让我回首再看一看这可惊可叹的山川和人世。能多看它们一眼，便能多用悲壮的、虽注定失败却仍不肯放弃的努力再解释它们一次。并且也欣喜地看到人如何用智慧、用言词、用弦管、用丹青、用静穆、用爱，一一对这世界作其圆融的解释。

是的，物理学家可以说，给我一个支点，给我一根杠杆，我就可以把地球举起来——而我说，给我一个解释，我就可以再相信一次人世，我就可以接纳历史，我就可以义无反顾的拥抱这荒凉的城市。

——原载1990年3月23日《人间副刊》

| 第一辑 |

玉　想

玉想

“玉，石之美者。”原来玉也只是石，
是许多混沌的生命中忽然脱颖而出的那一点灵光。

一、只是美丽起来的石头

一向不喜欢宝石——最近却悄悄地喜欢了玉。宝石是西方的产物，一块钻石，割成几千几百个“割切面”，光线就从那里面激射而出，挟势凌厉，美得几乎具有侵略性，使我不由得不提防起来。我知道自己无法跟它的凶悍逼人相埒，不过至少可以决定“我不喜欢它”。让它在英女王的皇冠上闪烁，让它在展览会上伴以投射灯和响尾蛇（防盗用）展出，我不喜欢，总可以吧！

玉不同，玉是温柔的，早期的字书解释玉，也只说：“玉，石之美者。”原来玉也只是石，是许多混沌的生命中忽然脱颖而出的那一点灵光。正如许多孩子在夏夜的庭院里听老人讲古，忽有一个因洪秀全的故事而兴天下之想，遂有了孙中山。又如溪畔群童，人人都看到活泼泼的逆流而上的小鱼，却有一个跌入沉思，想人处天地间，亦如此鱼，必须一身逆浪，方能有成，只此一想，便有了蒋中正。所谓伟人，其实只是在游戏场中忽有所悟的那个孩子。所谓玉，只是在时间的广场上因自在玩耍竟而得道的石头。

二、克拉之外

钻石是有价的，一克拉一克拉的算，像超级市场的猪肉，一块块皆有其中规中矩称出来的标价。

玉是无价的，根本就没有可以计值的单位。钻石像谋职，把学历经历乃至成绩单上的分数一一开列出来，以便叙位核薪。玉则像爱情，一个女子能赢得多少爱情完全视对方为她着迷的程度，其间并没有太多法则可循。艾萨克辛格（诺贝尔奖得主）说："文学像女人，别人为什么喜欢她以及为什么不喜欢她的原因，她自己也不知道。"其实，玉当然也有其客观标准，它的硬度，它的晶莹、柔润、缜密、纯全和刻工都可以讨论，只是论玉论到最后关头，竟只剩"喜欢"两字，而喜欢是无价的，你买的不是克拉的计价而是自

01

02

01 清　青玉罗汉

02 良渚　玉琮

03 明　灰玉佛手

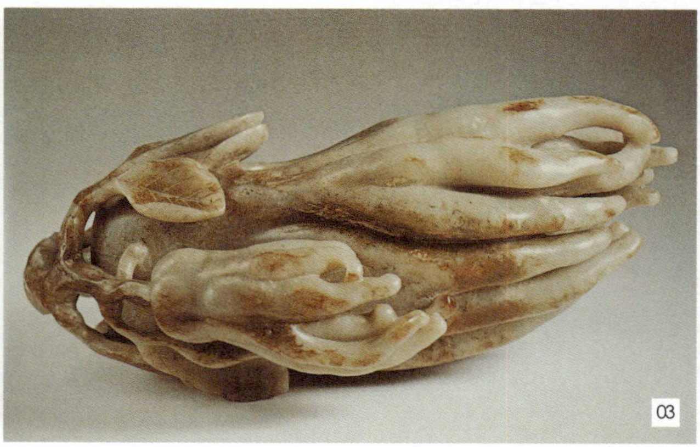

03

己珍重的心情。

三、不需镶嵌

钻石不能佩戴，除非经过镶嵌，镶嵌当然也是一种艺术，而玉呢？玉也可以镶嵌，不过却不免显得“多此一举”，玉是可以直接做成戒指、镯子和簪笄的，至于玉坠、玉佩所需要的也只是一根丝绳的编结，用一段千回百绕的纠缠盘结来系住胸前或腰间的那一点沉实，要比金属性冷冷硬硬的镶嵌好吧？

不佩戴的玉也是好的，玉可以把玩，可以做小器具，可以做既可卑微地去搔痒，亦可用以象征富贵吉祥的“如意”，可做用以祀天的璧，亦可做示绝的玦，我想做个玉匠大概比钻石割切人兴奋快乐，玉的世界要大得多繁富得多，玉是既入于生活也出于生活的，玉是名士美人，可以相与出尘，玉亦是柴米夫妻，可以居家过日。

四、生死以之

一个人活着的时候，全世界跟他一起活——但一个人死的时候，谁来陪他一起死呢？

中古世纪有出质朴简直的古剧叫《人人》（*Every Man*），死神找到那位名叫人人的主角，告诉他死期已至，不能宽贷，却准他结伴同行。人人找“美貌”，“美貌”不肯跟他去；人人找“知识”，“知识”也无意到墓穴里去相陪；人人找“亲情”，“亲情”也顾他不得……

世间万物，只有人类在死亡的时候需要陪葬品吧？其原因也无非由于怕孤寂，活人殉葬太残忍，连土俑殉葬也有些居心不忍，但死亡又是如此幽阒陌生的一条路，如果待嫁的女子需要“陪嫁”来肯定来系连她前半生的娘家岁月，则等待远行的黄泉客何尝不需要“陪葬”来凭借来思忆世上的年华呢？

陪葬物里最缠绵的东西或许便是玉琀蝉了，蝉色半透明，比真实的蝉为薄，向例是含在死者的口中，成为最后的，一句没有声音的语言，那句话在说：

“今天，我入土，像蝉的幼虫一样，不要悲伤，这不叫死，有一天，生命会复活，会展翅，会如夏日出土的鸣蝉……”

那究竟是生者安慰死者而塞入的一句话？抑是死者安慰生者而含着的一句话？如果那是愿心，算不算狂妄的侈愿？如果那是谎言，算不算美丽的谎言？我不知道，只知道玉琀蝉那半透明的豆青或土褐色仿佛是由生入死的薄膜，又恍惚是由死返生的符信，但生生死死的事岂是我这样的凡间女子所能参破的？且在这落雨的下午俯首凝视这枚佩在自己胸前的被烈焰般的红丝线所穿结的玉琀蝉吧！

五、玉肆

我在玉肆中走，忽然看到一块像蛀木又像土块的东西，仿佛一张枯涩凝止的悲容，我驻足良久，问道：

“这是一种什么玉？多少钱？”

“你懂不懂玉？”老板的神色间颇有一种抑制过的傲慢。

“不懂。”

“不懂就不要问！我的玉只卖懂的人。”

我应该生气应该跟他激辩一场的，但不知为什么，近年来碰到类似的场面倒宁可笑笑走开。我虽然不喜欢他的态度，但相较而言，我更不喜欢争辩，尤其痛恨学校里“奥瑞根式”的辩论比赛，一句一句逼着人追问，简直不像人类的对话，嚣张狂肆到极点。

不懂玉就不该买不该问吗？世间识货的又有几人？孔子一生，也没把自己那块美玉成功地推销出去。《水浒传》里的阮小七说：“一腔热血，只要卖与识货的！”但谁又是热血的识货买主？连圣贤的光焰，好汉的热血也都难以倾销，几块玉又算什么？不懂玉就不准买玉，不懂人生的人岂不没有权利活下去了？

当然，玉肆老板大约也不是什么坏人，只是一个除了玉的知识找不出其他可以自豪之处的人吧？

然而，这件事真的很遗憾吗？也不尽然，如果那天我碰到的是个善良的老板，他可能会为我详细解说，我可能心念一动便买下那块玉，只是，果真如此又如何呢？它会成为我的小古玩。但此刻，它是我的一点憾意，一段未圆的梦，一份既未开始当然也就不致结束的情缘。

隔着这许多年如果今天那玉肆的老板再问我一次是否识玉，我想我仍会回答不懂，懂太难，能疼惜宝重也就够了。何况能懂就能爱吗？在竞选中互相中伤的政敌其实不是彼此十分了解吗？当然，如果情绪高昂，我也许会塞给他一张《说文解字》中抄下来的纸条：

玉，石之美者，有五德：润泽以温，仁之方也；腮理自外，可以知中，义之方也；其声舒扬，专以远闻，智之方也；不挠而折，勇之方也；锐廉而不忮，絜之方也。

然而，对爱玉的人而言，连那一番大声镗鞳的理由也是多

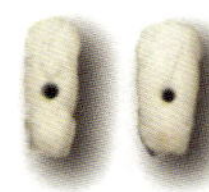

玉，石之美者

余的。爱玉这件事几乎可以单纯到不知不识而只是一团简简单单的欢喜。像婴儿喜欢清风拂面的感觉，是不必先研究气流风向的。

六、瑕

付钱的时候，小贩又重复了一次：

“我卖你这玛瑙，再便宜不过了。”

我笑笑，没说话，他以为我不信，又加上一句：

“真的——不过这么便宜也有个缘故，你猜为什么？”

“我知道，它有斑点。”本来不想提的，被他一逼，只好说了，免得他一直啰嗦。

“哎呀，原来你看出来了，玉石这种东西有斑点就差了，这串项链如果没有瑕疵，哇，那价钱就不得了啦！”

我取了项链，尽快走开。有些话，我只愿意在无人处小心地，断断续续地，有一搭没一搭地说给自己听：

对于这串有斑点的玛瑙，我怎么可能看不出来呢？它的斑痕如此清清楚楚。然而买这样一串项链是出于一个女子小小的侠气吧，凭什么要说有斑点的东西不好？水晶里不是有一种叫“发晶”的种类吗？虎有纹，豹有斑，有谁嫌弃过它的皮毛不够纯色？

就算退一步说，把这斑纹算瑕疵，世间能把瑕疵如此坦然相呈的人也不多吧？凡是可以坦然相见的缺点都不该算缺点的。纯全完美的东西是神器，可供膜拜。但站在一个女人的观点来看，男人和孩子之所以可爱，正是由于他们那些一清二楚的无所掩饰的小缺点吧？就连一个人对自己本身的接纳和纵容，不也是看准了自己的种种小毛病而一笑置之吗？

所有的无瑕是一样的——因为全是百分之百的纯洁透明，但瑕疵斑点却面目各自不同。有的斑痕像藓苔数点，有的是砂岸逶迤，有的是孤云独去，更有的是铁索横江，玩味起来，反而令人忻然心喜。想起平生好友，也是如此，如果不能知道一两件对方的糗事，不能有一两件可笑可嘲可詈可骂之事彼此打趣，友谊恐怕也会变得空洞吧？

有时独坐细味“瑕”字，也觉悠然意远，瑕字左边是玉旁，是先有玉才有瑕的啊！正如先有美人而后才有“美人痣”。先有英雄，而后有悲剧英雄的缺陷性格（tragic flew）。缺憾必须依附于完美，独存的缺憾岂有美丽可言，天残地阙，是因为天地都如此美好，才容得修地补天的改造的涂痕。一个“坏孩子”之所以可爱，不也正因为他在撒娇撒赖蛮不讲理之外有属于一个孩童近乎神明的纯洁了直吗？

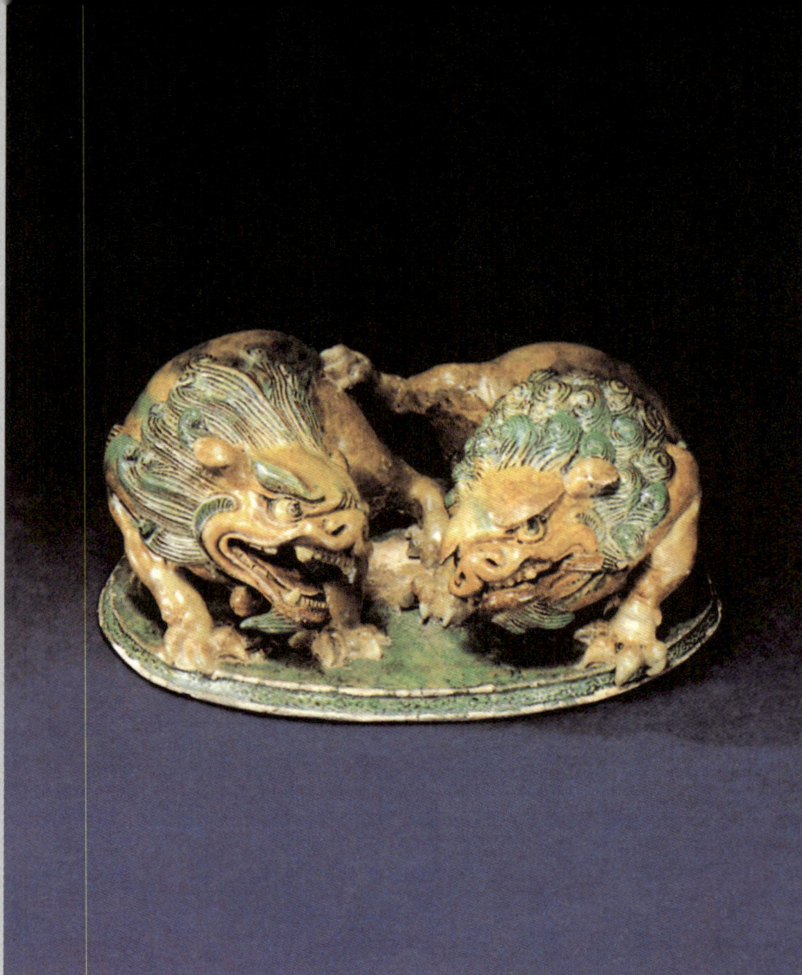

辽三彩　双狮

瑕的右边是叚，叚有赤红色的意思，瑕的解释是“玉小赤”，我也喜欢瑕字的声音，自有一种坦然的不遮不掩的亮烈。完美是难以冀求的，那么，在现实的人生里，请给我有瑕的真玉，而不是无瑕的伪玉。

七、唯一

据说，世间没有两块相同的玉——我相信，雕玉的人岂肯去重复别人的创制。

所以，属于我的这一块，无论贵贱精粗都是天地间独一无二的。我因而疼爱它，珍惜这一场缘分。世上好玉万千，我却恰好遇见这块，世上爱玉人亦有万千，它却偏偏遇见我，但我们之间的聚会，也只是五十年吧？上一个佩玉的人是谁呢？有些事是既不能去想更不能嫉妒的，只能安安分分珍惜这匆匆的相属相连的岁月。

八、活

佩玉的人总相信玉是活的，他们说：

“玉要戴，戴戴就活起来了哩！”

这样的话是真的吗？抑或只是传说臆想？

我不知道自己能不能把一块玉戴活，这是需要时间才能证明的事，也许几十年的肌肤相亲，真可以使玉重新有血脉和呼吸。但如果奇迹是可祈求的，我愿意首先活过来的是我，我的清洁质地，我的致密坚实，我的莹秀温润，我的斐然纹理，我的清声远扬，如果玉可以因人的佩戴而复活，也让人因佩玉而复活吧，让每一时每一刻的我莹彩暖暖，如冬日清晨的半窗阳光。

九、石器时代的怀古

把人和玉，玉和人交织成一的神话是《红楼梦》，它也叫《石头记》，在补天的石头群里，主角是那三万六千五百零一块外多出的一块，天长日久，竟成了通灵宝玉，注定要来人间历经一场情劫。

他的对方则是那似曾相识的绛珠仙草。

那玉，是男子的象征，是对于整个石器时代的怀古。那草，是女子的表记，是对榛榛莽莽洪荒森林的思忆。

静安先生释《红楼梦》中的玉，说“玉”即“欲”，大约也不算错吧？《红楼梦》中含玉字的名字总有其不凡的主人，像宝玉、黛玉、妙玉、红玉，都各自有他们不同的人生欲求。只是那欲似乎可以解作英文里的want，是一种不安，一种需索，是不知所从出的缠绵，是最快乐之时的凄凉，最完满之际的缺憾，是自己也不明白所以的惴惴，是想挽住整个春光留下所有桃花的贪心，是大彻大悟与大栈恋之间的摆荡。

神话世界常是既富丽而又高寒的，所以神话人物总要找一件道具或伴挡相从，设若龙不吐珠，嫦娥没有玉兔，李聃失了青牛，果老走了肯让人倒骑的驴或是麻姑少了仙桃，孙悟空缴回金箍棒，那神话人物真不知如何施展身手了——贾宝玉如果没有那块玉，也只能做美国童话《绿野仙踪》里的“无心人”奥迪斯。

“人非木石，孰能无情”，说这话的人只看到事情的表象，木石世界的深情又岂是我们凡人所能尽知的。

十、玉楼

如果你想知道钻石，世上有宝石学校可读，有证书可以证明你的鉴定力。但如果你想知道玉，且安安静静地做自己，并且从肤发的温润、关节的玲珑、眼目的莹澈、意志的凝聚、言笑的清朗中去认知玉吧！玉即是我，所谓文明其实亦即由石入玉的历程，亦即由血肉之躯成为“人”的史页。

道家以目为“银海”，以肩为玉楼，想来仙家玉楼连云，也不及人间一肩可担道义的肩胛骨为贵吧？爱玉之极，恐怕也只是返身自重吧？

——原载1985年1月《故宫文物月刊》

色识

颜色，在中国人的世界里，其实一直以一种稀有的、矜贵的、与神秘领域暗通的方式存在。颜色，本来理应属于美术领域，不过，在中国，它也属于文学。

颜色之为物，想来应该像诗，介乎虚实之间，有无之际。世界各民族都有其“上界”与“下界”的说法，以供死者前往——独有中国的特别好辨认，所谓“上穷‘碧’落下‘黄’泉”。《千字文》也说“天地玄黄”，原来中国的天堂地狱或是宇宙全是有颜色的哩！中国的大地也有颜色，分五块设色，如同小孩玩的拼图版，北方黑，南方赤，西方白，东方青，中间那一块则是黄的。

有些人是色盲，有些动物是色盲，但更令人惊讶的是，据说大部分人的梦是无色的黑白片。这样看来，即使色感正常的人，每天因为睡眠也会让人生的三分之一时间失色。

中国近五百年来的画，是一场墨的胜利。其他颜色和黑一比，竟都黯然引退，好在民间的年画，刺绣和庙宇建筑仍然五光十色，相较之下，似乎有下面这一番对照：

成人的世界是素净的黯色，但孩子的衣着则不避光鲜明艳。

汉人的生活常保持渊沉的深色，苗瑶藏胞却以彩色环绕汉人提醒汉人。

平素家居度日是单色的，逢到节庆不管是元宵放灯或端午赠送香包或市井婚礼，色彩便又复活了。

庶民（又称“黔”首、“黧”民）过老态的不设色的生活，帝王将相仍有黄袍朱门紫绶金驾可以炫耀。

古文的园囿不常言色，诗词的花园里却五彩绚烂。

颜色，在中国人的世界里，其实一直以一种稀有的、矜贵的、与神秘领域暗通的方式存在。

颜色，本来理应属于美术领域，不过，在中国，它也属于文学。眼前无形无色的时候，单凭纸上几个字，也可以想见月落江湖“白”，潮来天地“青”的山川胜色。

逛故宫，除了看展出物品，也爱看标签，一个是“实”，一个是“名”，世上如果只有喝酒之实而无“女儿红”这样的酒名，日子便过得不精“彩”了。诸标签之中且又独喜与颜色有关的题名，像下面这些字眼，本身便简扼似诗：

祭红：祭红是一种沉稳的红釉色，红釉本不可多得，不知祭红一名何由而来，似乎有时也写作“积红”，给人直觉的感受不免有一种宗教性的虔诚和绝对。本来羊群中最健康的、玉中最完美的可作礼天敬天之用，祭红也该是最凝聚最纯粹最接近奉献情操的一种红，相较之下，“宝石红”一名反显得平庸，虽然宝石红也光莹秀澈，极为难得。

牙白：牙白指的是象牙白，因为不顶白反而有一种生命感，让人想到羊毛、贝壳或干净的骨骼。

甜白：不知怎么回事会找出甜白这么好的名字，几件号称甜白的器物多半都脆薄而婉腻，甜白的颜色微灰泛紫加上几分透明。像雾峰一带的好芋头，熟煮了，在热气中乍剥了皮，含粉含光，令人甜从心起，甜白两字也不知是不是这样来的。

娇黄：娇黄其实很像杏黄，比黄瓤西瓜的黄深沉，比袈裟的黄轻俏，是中午时分对正阳光的透明黄玉，是琉璃盏中新榨的纯净橙汁，黄色能黄到这样好真叫人又惊又爱又心安。美国式的橘黄太耀眼，可以做属于海洋的游艇和救生圈的颜色，中国皇帝的龙袍黄太夸张，仿佛新富乍贵，自己一时也不知该怎么穿着，才胡乱选中的颜色，看起来不免有点舞台戏服的感觉。但娇黄是定静的沉思的，有着《大学》一书里所说的“定而后能静、静而后能安、安而后能虑、虑而后能得”的境界。有趣的是“娇”字本

01

02

01 元　龙泉青瓷大罐

02 宋　官窑瓶

03 清　祭红渣斗

04 北宋　官窑划花盘

05 清　斋青长颈瓶

03

04

05

来不能算是称职的形容颜色的字眼——太主观，太情绪化，但及至看了“娇黄高足大”，倒也立刻忍不住点头称是，承认这种黄就该叫娇黄。

茶叶末：茶叶末其实是秋香色，也略等于英文里的酪梨色（Avocado），但情味并不相似。酪梨色是软绿中透着柔黄，如池柳初舒，茶叶末则显然忍受过搓揉和火炙，是生命在大挫伤中历练之余的幽沉芬芳，但两者又分明属于一脉家谱，互有血缘。此色如果单独存在，会显得悒闷，但由于是釉色，所以立刻又明丽生鲜起来。

鹧鸪斑：这称谓原不足以算“纯颜色”，但仔细推来，这种乳白赤褐交错的图案效果如果不用此字，真不知如何形容，鹧鸪斑三字本来很可能是鹧鸪鸟羽毛的错综效果，我自己却一厢情愿地认为那是鹧鸪鸟蛋壳的颜色。所有的鸟蛋都有极其漂亮的颜色，或红褐，或浅碧，或斑斑朱朱。鸟蛋不管隐于草茨或隐于枝柯，像未熟之前的果实，它有颜色的目的竟是求其“失色”，求其“不被看见”。这种斑丽的隐身衣真是动人。

霁青、雨过天青：霁青和雨过天青不同，前者是凝冻的深蓝，后者比较有云淡天青的浅致。有趣的是从字义上看都指雨后的晴空。大约好事好物也不能好过头，朗朗青天看久了也会糊涂，以为不希罕。必须乌云四合，铅灰一片乃至雨注如倾盆之后的青天才可喜。柴世宗御批指定“雨过天青云破处，这般颜色做将来”。口气何止像君王，更像天之骄子，如此肆无忌惮简直根本不知道世上有不可为之事，连造化之诡，天地之秘也全不瞧在眼里。不料正因为他孩子似的、贪心的、漫天开价的要求，世间竟真的有了雨过天青的颜色。

剔红：一般颜色不管红黄青白，指的全是数学上的“正号”，是在形状上面“加”上去的积极表现。剔红却特别奇怪，剔字是“负号”，指的是在层层相叠的漆色中以雕刻家的手法挖掉了红色，是“减掉”的消极手法。其实，既然剔除了只能叫剔空，它却坚持叫剔红，仿佛要求我们留意看那番疼痛的过程。站在大玻璃橱前看剔红漆盒看久了，竟也有一份悲喜交集的触动，原来人生亦如此盒，它美丽剔透，不在保留下来的这一部分，而在挖空剔除的那一部分。事情竟是这样的吗？在忍心的割舍之余，在冷情的镂空之后，生命的图案才足动人。

斗彩：斗彩的斗字也是个奇怪的副词，颜色与颜色也有可斗的吗？文字学上斗字也通于逗，逗字与斗字在釉色里面都有“打情骂俏”的成分，令人想起李贺的“石破天惊逗秋雨”，那一番逗简直是挑逗啊！把雨水从天外逗引出来，把颜色从幽冥中逗弄出来，斗彩的小器皿向例是热闹的，少不了快意的青蓝和珊瑚红，非常富民俗趣味。近人语言里每以逗这个动词当形容词用，如云“此人真

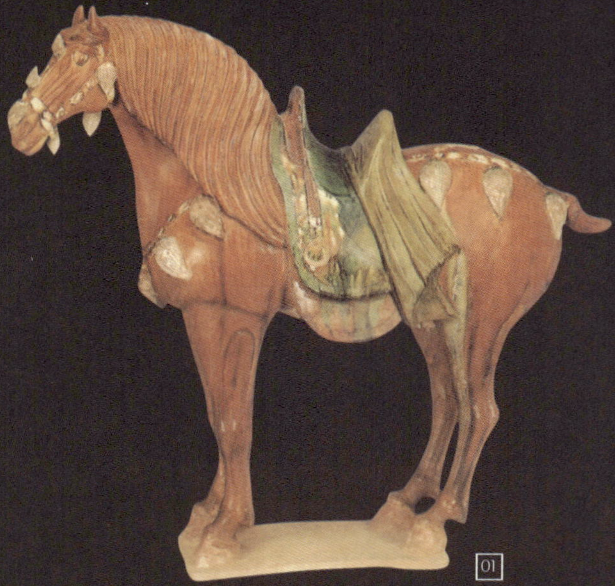

01

02

01 唐　三彩马

02 清　雍正　珐琅彩盘盌

03 明　弘治　黄底蓝彩盘

04 清　乾隆　斗彩双耳扁壶

03

04

逗”！形容词的逗有“绝妙好玩”的意思，如此说来，我也不妨说一句“斗彩真逗”！

当然，“艳色天下重”，好颜色未必皆在宫中，一般人玩玉总不免玩出一番好颜色好名目来，例如：

孩儿面（一种石灰沁过而微红的玉）

鹦哥绿（此绿是因为做了青铜器的邻居受其感染而变色的）

茄皮紫

秋葵黄

老酒黄（多温暖的联想）

虾子青（石头里面也有一种叫“虾背青”的，让人想起属于虾族的灰青色的血液和肌理）

不单玉有好颜色，石头也有，例如：

鱼脑冻：指一种青灰浅白半透明的石头，“灯光冻”则更透明。

鸡血：指浓红的石头。

艾叶绿：据说是寿山石里面最好最值钱的一种。

炼蜜丹枣：像蜜饯一样，是个甜美生津的名字，书上说“百炼之蜜，渍以丹枣，光色古黯，而神气焕发”。

桃花水：据说这种亦名桃花片的石头浸在瓷盘净水里，一汪水全成了淡淡的“竟日桃花逐水流”的幻境。如果以桃花形容石头，原也不足为奇，但加一“水”字，则迷离洸漾，硬是把人推到“两岸桃花夹古津”的粉红世界里去了。类似的浅红石头也有叫“浪滚桃花”的，听来又凄婉又响亮，叫人不知如何是好。

砚水冻：这是种不纯粹的黑，像白昼和黑夜交界处的交战和朦胧，并且这份朦胧被魔法定住，凝成水果冻似的一块，像砚池中介乎浓淡之间的水，可以写诗，可以染墨，也可以秘而不宣，留下永恒的缄默。

石头的好名字还有许多，例如“鹁鸽眼”（一切跟“眼”有关的大约都颇精粹动人，像“虎眼”“猫眼”）“桃晕”“洗苔水”“晚霞红”等。

当然，石头世界里也有不“以色事人”的，像太湖石、常山石，是以形质取胜，两相比较，像美人与名士，各有可倾倒之处。

除了玉石，骏马也有漂亮的颜色，项羽必须有英雄最相宜的黑色来配，所以“乌”骓不可少，关公有“赤”兔，刘彻有汗“血”，此外“玉”骢，“华”骝，“紫”骥，无不充满色感。至于女子骑马，则另有一番清艳，“桃花马上石榴裙”，啊，此马若是战马，我会因那美丽的配色竟至不战而亡。此外不骑马而骑牛的那位老聃他的牛也有颜色，是青牛，老子一路行去，函谷关上只见“紫”气东来。

马之外，英雄当然还须有宝剑，宝剑也是“紫电”“青霜”，当然也有以“虹气”来形容剑器的，那就更见七彩缤纷了。

中国晚期小说里也流金泛彩，不可收拾，《金瓶梅》里小小几道点心，立刻让人进入“色彩情况”，如：

揭开，都是顶皮饼，松花饼，白糖万寿糕，玫瑰搽穰卷儿。

写惠莲打秋千一段也写得好：

这惠莲也不用人推送，那秋千飞起在半天云里，然后忽地飞将下来，端的却是飞仙一般，甚可人爱。月娘看见，对玉楼李瓶儿说：“你看媳妇子，他倒会打。”正说着，被一阵风过来，把她裙子刮起，里边露见大红路绸裤儿，扎着脏头纱绿裤腿儿，好五色纳纱护膝，银红线带儿。玉楼指与月娘瞧。

另外一段写潘金莲装丫头的也极有趣：

却说金莲晚夕，走到镜台前，把发髻摘了，打了个盘头楂髻，把脸搽的雪白，抹的嘴唇儿鲜红，戴着两个金澄笼坠子，贴着三个面花儿，带着紫销金箍儿，寻了一套大红织金袄儿，下着翠蓝缎子裙，妆扮丫头，哄月娘众人耍子。叫将李瓶儿来与他瞧，把李瓶儿笑得前仰后合。说道：“姐姐，你妆扮起来，活像个丫头，我那屋里有红布手巾，替你盖着头，等我往后边去，对他们只说他爹又寻了个丫头，諕他们諕，敢情就信了。”

买手帕的一段，颜色也多得惊人：

敬济道：“门外手帕巷有名王家，专一发卖各色改样销金点翠手帕汗巾儿，随你要多少也有，你老人家要甚么颜色？销甚花样？早说与我，明日都替你一齐带的来了。”李瓶儿道：“我要一方老黄销金点翠穿花凤的。”敬济道：“六娘，老金黄销上金，不显。”李瓶儿道：“你别要管我，我还要一方银红绫销江牙海水嵌八宝儿的，又是一方闪色芝麻花销金的。”敬济便道：“五娘，你老人家要甚花样？”金莲：“我没银子，只要两方儿勾了，要一方玉色绫锁子地儿销金的。”敬济道：“你又不是老人家，白刺刺的要他做甚么？”金莲道：“你管他怎的？戴不的，等我往后有孝戴！”敬济道：“那一方要甚颜色？”金莲道：“那一方，我要娇滴滴紫葡萄颜色四川绫汗巾儿，上销金间点翠花样锦，同心结方胜地儿，一个方胜儿里面，一对儿喜相逢，两边阑子儿都是缨络珍珠碎八宝儿。”敬济听了，说道：“耶，耶，再没了，卖瓜子儿开箱子打喷嚏，琐碎一大堆。”

看了两段如此如见其人如闻其声的描写，竟也忍不住疼惜起潘金莲来了，有表演天才，对音乐和颜色的世界极敏锐，喜欢白色和娇滴滴的葡萄紫，可怜这聪明剔透的女人，在这个世界上她除了做西门庆的第五房老婆外，可以做的事其实太多了！只可怜生错了时代！

《红楼梦》里则更是一片华彩，在“千红一窟”“万艳同杯”的幻境之余，怡红公子终生和红的意象是分不开的，跟黛玉初见时，他的衣着如下：

头上戴着束发嵌宝紫金冠，齐眉勒着二龙戏珠金抹额；一件二色金百蝶穿花大红箭袖，束着五彩丝攒花结长穗宫绦，外罩石青起花八团倭缎排穗褂；登着青缎粉底小朝靴……

没过多久，他又换了家常衣服出来：

已换了冠带，头上周围一转的短发，都结成小辫，红丝结束，共攒至顶中胎发，总编一根大辫，黑亮如漆；从顶至梢，一串四颗大珠，用金八宝坠脚；身上穿着红撒花半旧大袄，仍旧带着“项圈”“宝玉”“寄名锁”“护身符”等物；下面半露松绿撒花绫裤，锦边弹墨袜，厚底大红鞋。

宝玉由于在小说中身居要津，不免时时刻刻要为他布下多彩的戏服，时而是五色斑丽的孔雀裘，有时是生日小聚时的“大红绵纱小袄儿，下面绿绫弹墨夹裤，散着裤脚，系着一条汗巾，靠着一个各色玫瑰芍药花瓣装的玉色夹纱新枕头”。生起病来，他点的菜也是仿制的小荷花叶子、小莲蓬，图的只是那翠荷鲜碧的好颜色。此人告别的镜头是白茫茫大地上的一件猩红斗篷。就连日常保暖的一件小内衣，也是白绫子红里子上面绣起最生香活色的“鸳鸯戏水”。

和宝玉的猩红斗篷有别的是女子的石榴红裙。猩红是“动物性”的，传说红染料里要用猩猩血色来调才稳得住，真是凄伤到极点的顽烈颜色，恰适合宝玉来穿。石榴红是植物性的，香菱和袭人两个女孩在林木蓊郁的园子里，偷偷改换另一条友伴的红裙，以免自己因玩疯了而弄脏的那一条被众人发现了。整个情调读来是淡淡的植物似的悠闲和疏淡。

和宝玉同属“富贵中人”的是王熙凤，她一出场，便自不同：

只见一群媳妇丫鬟拥着一个丽人从后房进来。这个人打扮与姑娘们不同，彩绣辉煌，恍若神仙妃子，头上戴着金丝八宝攒珠髻，绾着朝阳五凤挂珠钗；项上戴着赤金盘螭缨络圈；身上穿着缕金百蝶穿花大红云缎窄裉袄，外罩五彩刻丝石青银鼠褂，下着翡翠撒花洋绉裙。

这种明艳刚硬的古代“女强人”，只主管一个小小贾府，真是白糟蹋了。《红楼梦》里的室内设计也是一流的，探春的，妙玉的，秦氏的，贾母的，各有各的格调，各有各的摆设，贾母偶然谈起窗纱的一段，令人神往半天：

那个纱比你们的年纪还大呢！怪不得他认做蝉翼纱，原也有些像。不知道的都认作蝉翼纱，正经名叫“软烟罗”……那个软烟罗只有四样颜色：一样雨过天青，一样秋香色，一样松绿的，一样就是银红的。要是做了帐子，糊了窗屉，远远的看着，就似烟雾一样，所以叫做软烟罗。那银红的又叫做“云影纱”。

《红楼梦》也是一部“红”尘手记吧，大观园里春天来时，莺儿摘了柳树枝子，编成浅碧小篮，里面放上几枝新开的花……好一出色彩的演出。

和小说的设色相比，诗词里的色彩世界显然密度更大更繁富。奇怪的是大部分作者都秉承中国人对红绿两色的偏好，像李贺，最擅长安排“红”“绿”这两个形容词前面的副词，像：

老红、坠红、冷红、静绿、空绿、颓绿。

真是大胆生鲜，从来在想象中不可能连接的字被他一连，也都变得妩媚合理了。

此外像李白“寒山一带伤心碧”（《菩萨蛮》），也用得古怪，世上的绿要绿成什么样子才是伤心碧呢？“一树碧无情”亦然，要绿到什么程度可算绝情绿，令人想象不尽。

杜甫“宠光蕙叶与多碧，点注桃花舒小红”（《江雨有怀郑典设》）以“多碧”对“小红”也是中国文字活泼到极处的面貌吧？

此外李商隐温飞卿都有色癖，就是一般诗人，只要拈出“雨中黄叶树”“灯下白头人”的对句，也一样有迷人情致。

词人中小山词算是极爱色的，郑因百先生有专文讨论，其中如：

绿娇红小、朱弦绿酒、残绿断红、露红烟绿、遮闷绿掩羞红、晚绿寒红、君貌不长红、我鬓无重绿。

竟然活生生的将大自然中最旺盛最欢愉的颜色驯服为满目苍凉，也真是夺造化之功了。秦少游的“莺嘴啄花红溜，燕尾点波绿绉”也把颜色驱赶成一群听话的上驷，前句由于莺的多事，造成了由高枝垂直到地面的用花瓣点成的虚线，后句则缘于燕的无心，把一面池塘点化成回纹千度的绿色大唱片。另外有位无名词人的“万树绿低迷，一庭红扑簌”也令人目迷不暇。

“知否知否，应是绿肥红瘦”，这李清照的颜色自己也几乎成了美人，可以在纤秾之间各如其度。

蒋捷有句谓“红了樱桃，绿了芭蕉”，其中的红绿两字不单成了动词，而且简直还是进行式的，樱桃一点点加深，芭蕉一层层转碧，真是说不完的风情。

辛稼轩“唤取红巾翠袖，揾英雄泪”也在英雄事业的苍凉无奈中见婉媚。其实世上另外一种悲剧应是红巾翠袖空垂——因为找不到真英雄，而且真英雄未必肯以泪示人。

元人小令也一贯的爱颜色，白朴有句曰“黄芦岸白苹渡口，绿杨堤红蓼滩头”，用色之奢侈，想来隐身在五色祥云后的神仙也要为之思凡吧？马致远也有“和露摘黄花，带霜烹紫蟹，煮酒烧红叶”的好句子，煮酒其实只用枯叶便可，不必用红叶，曲家用了，便自成情境。

世界之大，何处无色，何时无色，岂有一个民族会不懂颜色？但能待颜色如情人，相知相契之余且不嫌麻烦的，想出那么多出人意表的字眼来形容描绘它，舍中文外，恐怕不容易再找到第二种语言了吧？

——原载1985年7月《故宫文物月刊》

初心

“初，裁衣之始也。”文字学的书上如此解释。

人生一世，亦如一匹辛苦织成的布，一刀下去，一切就都裁就了。

一、初哉首基肇祖元胎……

因为书是新的，我翻开来的时候也就特别慎重。书本上的第一页第一行是这样的：“初、哉、首、基、肇、祖、元、胎……始也。”

那一年，我十七岁，望着《尔雅》这部书的第一句话而愕然，这书真奇怪啊！把“初”和一堆“初的同义词”并列卷首，仿佛立意要用这一长串“起始”之类的字来做整本书的起始。

也是整个中国文化的起始和基调吧？我有点敬畏起来了。

想起另一部书，《圣经》，也是这样开头的：

“起初，上帝创造天地。”

真是简明又壮阔的大笔，无一语修饰形容，却是元气淋漓，如洪钟之声，震耳贯心，令人读着读着竟有坐不住的感觉，所谓壮志陡生，有天下之志，就是这种心情吧！寥寥数字，天工已竟，令人想见日之初升，海之初浪，高山始突，峡谷乍裂以及大地寂然等待小草涌腾出土的刹那！

而那一年，我十七，刚入中文系，刚买了这本古代第一部字典《尔雅》，立刻就被第一页第一行迷住了，我有点喜欢起文字学来了。真好，中国人最初的一本字典（想来也是世人的第一本字典），它的第一个字就是“初”。

“初，裁衣之始也。”文字学的书上如此解释。

我又大为惊动，我当时已略有训练，知道每一个中国文字背后都有一幅图画，但这“初”字背后不止一幅画，而是长长的一幅卷轴。想来当年造字之人初造“初”字的时候，也是煞费苦心之余的神来之笔。“初”这件事无形可绘，无状可求，如何才能追踪描摹？

于是他想起了某个女子的动作，也许是母亲，也许是妻子，那样慎重地先从纺织机上把布取下来，整整齐齐的一匹布，她手握剪刀，当窗而立，她屏息凝神，考虑从哪里下刀，阳光把她微微毛乱的鬓发渲染成一轮光圈。她用神秘而多变的眼光打量着那整匹布，仿佛在主持一项典礼，其实她努力要决定的只不过是究竟该先做一件孩子的小衫好呢？还是先裁自己的一幅裙子？一匹布，一如渐渐沉黑的黄昏，有一整夜的美梦可以预期——当然，也有可能是噩梦，但因为有可能成为噩梦，美梦就更值得去渴望——而在她思来想去的当际，窗外陆陆续续流溢而过的是初春的阳光，是一批一批的风，是雏鸟拿捏不稳的初鸣，是天空上一匹复一匹不知从哪一架纺织机里卷出的浮云……

那女子终于下定决心，一刀剪下去，脸上有一种近乎悲壮的决然。

“初”字，就是这样来的。

人生一世，亦如一匹辛苦织成的布，一刀下去，一切就都裁就了。

整个宇宙的成灭，也可视为一次女子的裁衣啊！我爱上“初”这个字，并且提醒自己每清晨都该恢复为一个“初人”，每一刻，都要维护住那一片初心。

二、初发芙蓉

《颜延之传》里这样说：

“颜延之问鲍照，己与谢灵运优劣，照曰：‘谢五言诗如初发芙蓉，自然可爱，君诗如铺锦列绣，雕缋满眼。’”

六朝人说的芙蓉便是荷花，鲍照用“初发芙蓉”比谢灵运，实在令人羡慕，其实“像荷花”不足为奇，能像“初发水芙蓉”才令人神思飞驰。灵运一生独此四字，也就够了。后来的文学批评也爱沿用这字眼，周济（介存斋）《论词杂著》论晚唐韦庄的词便说：

“端己词清艳绝伦，初日芙蓉春日柳，使人想见风度。”

中国人没有什么“诗之批评”或“词之批评”，只有“诗话”“词话”，而词话好到如此，其本身已凝聚饱实，且华丽如一则小令。

三、清露晨流新桐初引

《世说新语》里有一则故事，说到王恭和王忱原是好友，以后却因政治上的芥蒂而分手。只是每次遇见良辰美景，王恭总会想到王忱。面对山石流泉，王忱便恢复为王忱，是一个精彩的人，是一个可以共享无限清机的老友。

有一次，春日绝早，王恭独自漫步到幽极胜极之处，书上记载说：

“于时清露晨流，新桐初引。”

那被人爱悦，被人誉为“濯濯如春月柳”的王恭忽然怅怅然冒出一句：“王大故自濯濯。”语气里半是生气半是爱惜，翻成白话就是：

“唉，王大那家伙真没话说——实在是出众！”

不知道为什么，作者在描写这段微妙的人际关系时，把周围环境也一起写进去了。而使我读来怦然心动的也正是那段“于时清露晨流，新桐初引”的附带描述。也许不是什么惊心动魄的大景观，只是一个序幕初启的清晨，只是清晨初初映着阳光闪烁的露水，只是露水装点下的桐树初初抽了芽，遂使得人也变得纯洁灵明起来，甚至强烈地怀想起那个有过嫌隙的朋友。

李清照大约也是被这光景迷住了，所以她的《念奴娇》里竟把“清露晨流，新桐初引”的句子全搬过去了。一颗露珠，从六朝闪到北宋，一叶新桐，在安静的扉页里晶薄透亮。

我愿我的朋友也在生命中最美好的片刻想起我来。在一切天清地廓之时，在叶嫩花初之际，在霜之始凝，夜之始静，果之初熟，茶之方馨。在船之启碇，鸟之回翼，在婴儿第一次微笑的刹那，想及我。

如果想及我的那人不是朋友，而是敌人（如果我有敌人的话），那也好——不，也许更好，嫌隙虽深，对方却仍会想及我，必然因为我极为精彩的缘故。当然，也因为一片初生的桐叶是那么好，好得足以让人有气度去欣赏仇敌。

——原载1988年1月1日《大地副刊》

溯洄

属于渭水和淡水河的蒋勋，属于汨罗江和外双溪的楚戈，属于西喇木伦和大汉溪的席慕蓉，本是三条流向不同的河，此刻却在交会处冲积出肥腴的月湾土壤。

一、掌灯时分

1931年，江南的承平岁月依依暖暖如一春花事之无限。

四月，陌上桃花渐歇，栀子花满山漫开如垂天之云。春江涨绿，水面拉宽略如淡水河。江有个名字，叫汨罗江，水上浮着倏忽来往的小船，他的家离江约需走一小时，正式的地名是湖南湘阴县白水乡宴家冲。家里有棵老樟树，树上还套生了一株梅花。黄昏时分年轻的母亲生下这家人家的长孙。五十二年后，她仍能清楚的述起这件事：

“是酉时哩，那时天刚黑，生了他，就掌上灯了。”

渐渐开始有了记忆，小小的身子站在绣花绷子前看母亲绣花。母亲绣月季、绣蝴蝶，以及燕子、梅花。母亲绣大一点的被面、屏幛就先画稿子，至于绣新娘用的鞋面枕套竟可以随手即兴的直接绣下去。绣到一半，不免要停下来料理一下家务。小男孩一俟母亲走开，立刻抓起针往白色缎面上扎下去。才绣几针，母亲回来了，看看，发觉不对，而重拆是很麻烦的。绣花当时是家庭副业，哪容小男孩捣蛋玩这种“奢侈的游戏”，所以按理必须打一顿。只是打完了，小男孩下次仍受不了诱惑又从事这种“探险”，怎样的葱绿配怎么的桃红？怎样以线组成面？为何半瓣梅花、半片桃叶，皆能于光暗曲折之间自有其大起伏大跌宕——这样绣了挨打，打完又绣，奇怪的是忽有一天母亲不打人了，因为七八岁的小男孩已经可以绣到和母亲差不多的程度了。

家里还织布染布，煮染的时候小男孩总在一旁兴奋地守着。如果是染衣服，就更讲究些，母亲懂得如何在袖口领口口袋等处绑上特殊的图案，染好以后松开绑线，留在蓝布或紫布上的白花常令小男孩惊喜错愕。

比较简单的方法是在夏末把整疋布铺在莲花池畔，小男孩跳下池子去挖藕泥，挖好泥浆以后涂在布上曝晒。干了就洗掉，再敷再晒。五六遍以后粗棉布便成了夹褐的灰紫色。家里的男人几乎都穿这种布衣。

还放牛，还自己酿米酒、捡毛栗、捡菌子、捡栀子花结成的栀实。日子过得忙碌而优游——似乎知道日后那一场别离，所以预先贮好整个一生需用的回忆。

十五岁读初中，学校叫汨罗中学，设在屈子祠里。祠就在江边上，学生饮用的便是汨罗江水。做父亲的挑着一肩行李把儿子送到祠中，注了册，直走到最后一进神殿，跪下，对着阳雕金字“楚三闾大夫屈子之神位”叩了三个头，男孩也拜了三下。做父亲的大概没想到磕了三个头后，这中国的诗神便收了男孩为门徒，使男孩的一生都属于诗魂。

起先，在十岁那年，男孩曾跟宋容生教授读过《左传》和《诗经》。宋教授从北大回乡养病，男孩在他家看到故宫的出版品和文物图片，遂悠然有远志。他不知道二十七年以后他自己也进入故宫，并且在器物研究之余也是《故宫文物月刊》的编辑委员。他回想起来，觉得遇见宋先生是生平最早出现的大事。另一件大事则是在理化老师家读到了长沙出版的《新文学》杂志，知道世上有小说、散文和诗歌。

1948年，从军。长沙城的火车站里男孩看着车窗外的舅舅跑来跑去在满站台找他，想抓他回家，他狠心不顾而去。在兵籍簿上他写下自己的名字，因而分到一枚框着红边的学兵符号佩在胸上，上面写着“袁德星”。

二、“到西安城外，娶一汉家平民女子……”

而同一年，远方另有一男孩才一岁，住在西安城的小雁塔下。和他生命相系的最早的这条河叫渭水。

外曾祖父那一代在西安做知府，慈禧逃庚难那一年还是他接的驾。大概由于拥有这么一种家世，他被取了一个大有期许意味的名字：蒋勋。

辛亥革命之后，身为旗人的外曾祖父那一代败落了。外曾祖父临死传下遗命，要儿子必须娶个西安城外的汉家女子，平民出身，刻苦坚忍的那一种，家道才有可能中兴起来。外婆就这样嫁过来。外祖父显然不太爱这位妻子，一径逃到燕京大学去念书了。但这位外婆倒真是过日子的一把好手，丈夫不在，她便养一窝猫。日本人侵华的那些年，西安城里别家没吃的，她却能趁早晨城门乍开之际，擦身偷挤出去。一出城，她便如纵山之虎，城外到处都是她的乡亲朋友，弄点粮食是不成问题的。后来她又把大屋子划成一百多个单位，分租给人，租钱以面粉计，大仓房里面粉堆得满满的。

看到小外孙出生，她极高兴，因为小男孩已有哥哥，她满心相信可以把这孩子胱给母系，所以格外疼爱。西安城里冬天苦冷，她把小婴儿绑在厚棉裤的裤裆里，像一串不容别人染指的钥匙。

母亲当年念了西安女子师范，毕业典礼上的那首歌她一直都在唱："我们今天是桃李芬芳，明天是社会的栋梁。"她还有一把上海来的蝴蝶牌口琴，后来因为穷，换了面粉，事后大约不免有秦琼卖马之悲，也因此每和父亲吵架，都会把"口琴事件"搬出来再骂一遍。

中国民间女子的豪阔亮烈，蒋勋是在母亲身上看到的。

她到台北的故宫博物院去参观，看到那些菲薄透明的瓷碗，冷冷笑道：

"这玩意，我们家多的是，从前，你外婆心情不好的时候，就摔它一个。"

看到贵妇人手上的翡翠，她也笑："这算什么，从前旗人女子后脑勺都要簪一根扁簪，一尺长咧，纯祖母绿，放在水里，一盆尽绿——这种东西，逃难的时候，还不是得丢吗？丢了就丢了就是了。"

母亲有着对美的强烈直觉和本能，却能不依恋，物我之间，清净无事。

往南方逃亡的时候，已经是1951年了，逃到福建，从长乐上船。小男孩哭，母亲把他藏在船舱下面，吓唬他不准再哭了——早期的恐惧经验在后来少年的心里还不断成为梦魇，他时时梦见古井，梦到惊惶的窒闷和追捕。暂时住在西沙群岛一个叫白犬的地方，好心的打鱼人有时丢给他们几尾鱼，日子就这样过下来。奇怪的是，许多年后，做姊姊的仍然恋恋不舍想起那些渔人分给他们的鱼：

“好大的鱿鱼啦，拿来放在灰里煨熟——哎，那种好吃……”

逃难的岁月，毁家荡产的悲痛都退去了，只剩下一尾好吃的鱼的回忆。

终于，全家到了台湾，住在大龙峒，渭水换成了淡水河，孔庙是小男孩每天要去玩的地方。至于那轻易忘掉翠尺的母亲宁可找些胭脂来为过年的馒头点红，这才是真正的人间喜气。那一年，是1952年。

三、失踪的湖

1952年，小女孩九岁，住在一个叫湾仔的地方。逃学的坡路上有杂色的马缨丹，刚刚够一个小女孩可以爬得上去。热闹的街角有卖凉茶的，她和妹妹总是去喝——为的是赚取喝完之后那粒好吃的陈皮梅。当然，还有别的：例如迷途的下午被警察牵着回家时留在手心的温暖、例如高斜如天梯的老街、例如必须卷起舌头来学说的广东话、例如假日里被年轻父亲带去浅水湾玩水的喜悦、例如英记茶行那份安详稳泰的老店感觉……然而，这一家人住在那栋楼上是奇怪的——他们是蒙古人，整个湾仔和整个港岛对他们而言，还不及故乡的一片草原辽阔，草原直漫到天涯，草香亦然，一条西喇木伦河将之剖为两半，父亲和母亲各属于左岸和右岸，而伯父和祖父沿湖而居，那湖叫汗诺日美丽之湖（汗诺日湖系蒙语“皇帝之湖”的意思）。二次大战前日本某学术团体曾有一篇《蒙古高原调查记》，文中描述的湖是这样的：

“沿途无限草原，由远而近，出现名曰汗诺日的美丽之湖，周围占地约四华里，湖水清湛断定为一淡水湖，湖上万千水鸟群栖群飞，牛群悠然饮水湖边，美景当前，不胜依恋……”

但对小女孩而言，河亦无影，湖亦无踪，她只知道湾仔的眩目阳光，只知道下课时福利社里苏打水的滋味，五年之间，由小学到初中，她的同学都知道她叫席慕蓉，没有人知道她真正的名字叫穆伦·席连勃，那名字是“大江河”的意思。

读到初一，全家决定来台湾，住在北投的山径上，那一年是1954年，她十一岁了。

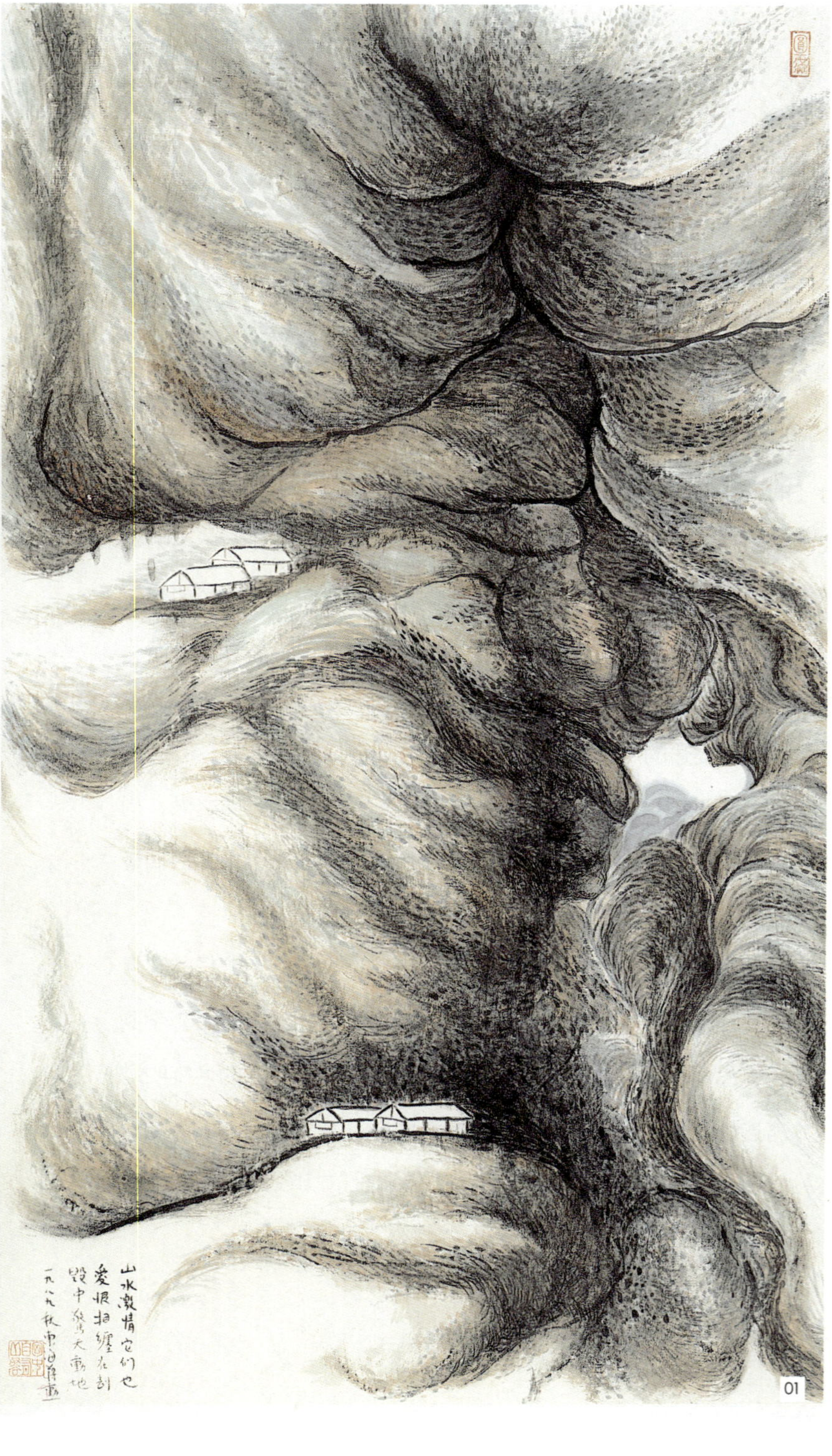

01

01 02 蒋勋水墨

四、湖口街头初绽的梅幅

那一年，袁德星早已辗转经汉口、南京、上海而基隆而湖口，在岛上生活五年了。“受恩深处便为家”，他已经不知不觉将湖口认作了第二故乡。

也许因为有个学了点裱画的朋友，他也凑趣画些梅花、枇杷让对方裱着玩，及至裱好了两人又拿到湖口街上唯一的画店去悬挂，小镇从来没出现这种东西，不免轰动一时——算来也许是他的第一次画展，如果那些初中时代的得奖墙报不算的话。

楚戈这笔名尚未开始取，当时忙着做的事是编刊物、到田曼诗女士家去看人画画、结交文人朋友。1957年，他拿画到台北忠孝西路去裱，裱褙店的人转告他说有人想买此画，遂以六百元成交，那是生平卖出的第一张画，得款则够自己和朋友们大醉一场。

仍然苦闷，一个既不能回乡也不能战死的小兵，在一个偶然的机会里他请缨赴中南半岛作游击战，当时他的一位老大哥赵玉明也报了名，别人问他原因，他说：

“不行啊，袁宝报了名，他那人糊里糊涂，我不跟着去照顾他怎么行呢？”

结果虽然没有成行，好在他却在知识和艺术的领域里找到了更大的挑战！戈之为戈，总得及锋而试啊！

五、密密的芙蓉花，开在防空洞上

搬进村子的第一天，蒋勋就去孔庙看野台歌仔戏。母亲一向喜欢河南梆子，所以也去了。一面看，她一面解释说起来：

“这是武家坡啊！”

母亲居然看得懂歌仔戏，也是怪事。家居的日子，母亲是讲故事的能手。她的故事有时简单明了，如：

“那王宝钏啊，因为一直挖野菜来吃，吃啊，吃啊，后来就变成一张绿肚皮……”

她言之凿凿，令人不得不信。也有时候，她正正经经讲起《聊斋》，邻居小孩也凑进来听。弟弟又怕又爱听，不知在哪一段高潮上吓得向后翻倒，头上缝了好几针，这件让为人笃实的父亲骂了又骂。

每到三月十二日，公家就发下树苗，当时政府规定家家要做防空洞，幼年的蒋勋和家人便把分到的芙蓉插在防空洞上。芙蓉一大早是白的，渐渐呈粉色，最后才变成艳红。此外又家家种柳，柳树长得泼旺如炽。防空洞当然一次也没用过，却变成小孩游戏的地方，在里面养鸟，养乌龟，连鸭子也跑进里面去秘密地孵了一窝蛋，小孩和鸭子共守这份秘密——及至做母亲的看到凭空冒出一窝小黄鸭，不免大吃一惊。

所谓战争，大概有点像那座防空洞，隐隐地坐落在那里，你不能说它不存在，却竟然上面栽上芙蓉，下面孵着鸭子，被生活所化解了。男孩穿花拂柳一路跑到淡水河堤上去放风筝，跑得太快，线断了，风筝跨河而去。他放弃了风筝转头去看落日，顺便也看跟落日同方位的观音山，观音凝静入定，他看得呆了——那一年，他小学四年级，十岁。

六、我可不可以来学画？

十四岁考上台北师范，席慕蓉背个大画架，开始了她的习画生涯。那一年，在军中的楚戈开始努力看画展和画评，后来因为觉得别人说的不够鞭辟，便自己动手来写。而十三岁的蒋勋出现在民众服务处的教室里，站在老画家的面前问说：

“我没有钱出学费——可不可以来学画？”

老画家凝望了少年一眼，点头说：

“可以啊！”

1966年，楚戈退役，考入艺专夜间部美术科。而蒋勋，这时候刚开始念文化大学历史系，毕业以后，又读了文大的艺术研究所，1972年，二十五岁的他启程赴巴黎。

“以前我以为西安是我的乡愁，飞机起飞的刹那才知道不是，台湾在脚下变得像一张小小的地图，那感觉很奇怪，我才知道西安是我爸爸妈妈的乡愁，台北才是我自己的乡愁啊！”

七、回

终于能回国了，那一年是1970年，心中胀着喜悦，腹中怀着孩子，席慕蓉觉得那一去一回是她生平最大的关键。

蒋勋回国则是在1976年。

楚戈也回来了——虽然他并未出国。许多年来，他一向纵身于现代诗与现代画的巨浪里，但从1968年供职故宫博物院开始，也陆续发表了不少有关青铜器的论文。1971年，他在《中华文化复兴月刊》上辟栏连续写了两年《中国美术史》。认识他的人不免惊奇于他向传统的急遽回归，但深识他的人也许知道，楚戈的性情是变中有不变，不变中有变的。

1981年，蒋勋出版《母亲》诗集，在序文里，他说：

“我读自己第一本诗集《少年中国》，发现有许多凄厉的高音，重复的时候，格外脸红。”

01

02

01　席慕容油画夏荷200号（局部）

02　席慕容油画女体

接着他又说：

“这几年我在大屯山下，常常往山上走走。一到春天，地气暖了，从山谷间氤氲着云岚，几天的雨，使溪涧四处响起，哗啦哗啦，在乱石间争窜奔流，在深洼之处汇聚成清澈的水潭……我观看这水，只是看它在动、静、缓、急、回、旋、崩、腾，它对自己的形状好像丝毫没有意见，在陡直的悬崖上奋力一跃，或澄静如处子，那样不同的变貌，你还是认得出它来，可以回复成你知道的水。

我对人生也有这样的向往，无论怎样多变，毕竟是人生。

我对诗也有这样的向往，无论怎样的风貌，毕竟是诗，不在乎它是深渊，是急湍，是怒涛，是浅流，它之所以是诗，不在于它的变貌，而在于你知道它可以回复成诗。”

回来的不只是从前那个离去的蒋勋，还要更多，多了一整腔沉潜的关情。1983年，他接受了东海美术系系主任的职位。

至于席慕蓉，她在一个叫龙潭的地方住了下来，画画、教画、写诗并且做母亲。前后开的画展分别是人像系列、明镜系列、荷花系列、夜色系列。

楚戈的情节发生了一点变化，1980年底他发现得了鼻咽癌，此后便一只手抗癌，一只手工作，且战且前却也出版了三本书，出过四趟国，开了港台五六次画展。

八、各在水一方

1986年秋，蒋勋为毕业班同学开了一门课名叫“文人画”，他自己和楚戈、席慕蓉合授此课。属于渭水和淡水河的蒋勋，属于汨罗江和外双溪的楚戈，属于西喇木伦和大汉溪的席慕蓉，本是三条流向不同的河，此刻却在交会处冲积出肥腴的月湾土壤。

“学生受了四年的专业训练，”蒋勋说，“我现在着急的不是要为他们再‘立’什么，而是要为他们‘破’，找三个人来开这门课，就是要为他们‘破一破’！”

受惠的不只是学生，三个老师也默默欣赏起彼此的好处来。那属于蒙古高原的席慕蓉，可以汲饮汨罗之水，那隶籍福建却来自西安小雁塔的蒋勋可以细绎草原的秩序，至于那来自楚地的楚戈亦得聆听大度山的清歌。一干原来不可能相逢的人物，在灾劫之余相知相遇，并且互灌互注，增加了彼此的水量与流速，形成一片美丽丰沃的流域。

九、溪谷桃李

1987年春四月，沿太鲁阁国家公园的绿水、文山、回头弯、九梅一路走下去是桃塞溪和整片石基的河床（原名陶塞，此处是故意的笔误）。再往里面走，则是密不透天的桃花，桃花开得极饱满的时候雄峙如一片颇有历史感的故垒。躺在树下苔痕斑斑的青石上看晴空都略觉困难——那一天，教室便在花下。

“席老师，”一个女孩走来，眼神依稀是自己二十年前的困惑，“这桃花，画它不下来，怎么办？”

“画不下来？”她的口气有时刚绝的近于凶狠，“你问我，我告诉你，我自己也画它不下来呀！谁说你要画它下来的？你就真把它画了下来，又怎么样？”

“画家这行业根本是多余的！”爬到一块大石头上的蒋勋自言自语地宣布，这话，不知该不该让学生听到。忽然，他对着一块满面回文的石头叫了起来，“你看，这是水自己把自己画在石头上了。”

楚戈则更无行无状，速写簿上一笔未着，却跟一位当地的“莲花池庄主”聊上了，一个劲地打听如何来此落地生根。

“山水，”蒋勋说，“我想是中国人的宗教。”

那山是坐落于大劫大难与大恩大宠之间的山，那水是亦悲激亦喜悦之水。那山是半落青天之外淡然复兀然的山，那水是山中一夜雨后走势狂劲直奔人间不能自止的水——各挟其两岸的风景以俱来。

一阵风起，悬崖上的石楠撒下一层红雾，溪水老是拣最难走的路走，像一个自己跟自己过不去的艺术家，弄得咻咻不已。师生一行的语音逐渐细微，终至被风声溪声兼并，纳入一山春声。

——写于1987年5月三人联袂画展前夕

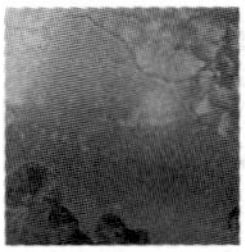

火中取莲

一只陶皿，是大悲痛大磨难大创痕之余的定慧。
那些一度经火的器皿，此刻已凉如古玉，婉似霜花。

认识孙超这人，会使人有个冲动——老想给他写传记，因为太精彩。其实说传记还不太对，传记嫌平面，孙超的生平适合编成话本，有话有唱有板有眼一路演绎下去（或演义下去），这，先从三代说起吧：

轰然一声，三进大屋的第一进炸成平地。

接着，第二进也倒了。

那是中日战争的年代，地点则在自古以来一直和“战争”连在一起的徐州城。

一家人都逃光了，只剩下一位老妇人不动如山，端坐在第三进堂屋里。有个日本军人直走进来，看见她夷然自若地抽着水烟袋，啪哒——啪哒——日本人刚入城，是这片沦陷区的新主人，但她是这所屋子的主人，一向就是。现在屋子虽炸了，但主人还是主人，她不打算站起身来。

日本军人心虚了，他恭恭敬敬地放了一些东西在桌上，是罐头，沦陷区最实惠的礼物。老妇人用大袖一拂，所有的罐头砰砰然全落在地上。

依照当时战胜军人的气焰，此刻洗劫全家，亦无不可，但那军人走开了，走到藏书的地方，拿了几本书就走了。

那老妇人是孙超的奶奶。

她把全家赶走，说："逃得愈远愈好。"可是她自己却留了下来。只凭一口气，跟整个日本军比强。

逃难的孙超和母亲冲散了，母亲炸死，父亲也回了老家。开始自己流浪的那一年，他八岁。等胜利还乡，他十六了，在徐州女师附小读了二年半，又碰到第二次劫难，于是又开始第二次的飘徙，平生最拿得出手的资历，大约就是流浪吧！

"绝不拿别人的东西！"

从小离家，但从来没遭过人白眼，只因家里规矩大，教得严，看到别人有好东西，规定先把手背到背后才准看，绝对不去碰一下。这简单而彻底的训练使孙超成为一介不取的人，而且，日后艺术上也一空依傍，绝不捡现成的便宜，他永远只取属于自己的东西。

出来的时候是青年军。连保送军校也不肯去念，他只想纯当兵，只想打最直接的仗。舍生不是难事，难的是二十年刻板严苛的军旅生活适应。那些年最大的慰藉是读书，读极硬的书。

记得有一本罗光著的《中国哲学史》，定价四十元，当年他的月薪十八元，他便去替人打毛衣（奇怪，一个大男人竟会织毛衣），三个月以后才存够买书的钱。

有一年，岁暮，有位中学老师邀他到家里去吃饭。他从清泉岗出发到台中市赴宴。绕着主人的屋子走了几圈，伸出的手几度缩回，竟不敢按铃，篱内的温暖家居图，不是这身二尺半可以撞进去的吧？严重的自尊心和自卑感交战后，他终于爽约了。

回部队的车子晚上才有，他竟不知该去哪里。逛着逛着，他很自然的走进书店，老板娘站近他，眼睛盯着他不放，她怀疑这年轻的大兵是来偷书的，她的疑虑不算太错，他的确没钱买书，但不是来偷书，他来看书——也许不是看书，只因店里有光，书里有知识的闸门，而当晚他正无处可去。出身于有钱有势有根底的家庭，几曾受过这种侮辱，他夺门而出。

去哪里呢？无非是另一家书店。

第二家书店是客家人开的，他们暗暗地用自以为别人听不懂的客家话说：“那个兵，看样子要偷书。”他惊怒欲绝，放回书，冲出店门，把自己投身在十二月的冷风里。

总不能再到第三家书店去受凌辱吧？他踉跄在华灯四射的小城里。

忽然，他听到歌声，前面是一所教堂，门口站着一个外国牧师，红润的脸，亲和的微笑，看到这年轻的兵，他恭恭敬敬地鞠了一个躬，伸手延客说：

“请进。”

他走了进去，诗班正唱着巴哈的弥撒曲，他忽然大恸，跪倒圣坛前，泪下如雨，再也站不起来。礼拜的人陆续离去，他仍跪在那里哭，善解人意的牧师远远站着，等他哭，所有的人早走光了，但一腔的委屈和压抑的泪却是流不完的啊。牧师耐心地等着，他走的时候，牧师和他握手，说：“下回再来。”

曾经，在战时，炸弹炸死前前后后的人，他却幸运地捡回了自己的生命。

而这一个圣诞夜，在一颗心几乎被痛苦扼死之际，一个微笑一声请进，使他及时重新觅得自己的心，这番惊险，其实也等于捡得一命啊！

01

01 孙超结晶釉瓷板画
——海湾之歌（72×52cm）

02 孙超结晶釉瓶
——花串（H.37 W.27.5cm）

02

“那一刹那，我只有一个感觉，我这才又是‘人’了。我重新有了人的尊严，所谓人间的平等，大概只有向宗教世界里才找得到吧？”他没有再去教堂，但宗教的柔和宽敬在他的创作里如泉源般一一涌现。

退役了，拿了七千元。

做什么好呢？真正想做的是念书，但钱不够。他跑到三张犁养鸡，透过“鸡生蛋，蛋生鸡”的原理，他希望为自己筹得“三万元教育基金”放在银行里，每月拿三百元利息省吃俭用，也就可以去念书了。

他忘了一件事，养鸡可以赚钱却也可以赔钱。他不幸属于后者。

为了投考艺专，仅读过二年半书而没有报考资格的他，只好制造假证件。他用肥皂，自己刻印，他这件罕见的罪行也被识破，主事人一眼看穿，是上天见怜吧，那人拿起笔来批了几个字：“姑念该生，有志向学，准予报名。”他欣喜欲狂，捧着批示，心里想：

“我不是违法的了，我现在是合法的了！”

大专联考后不久，他到摊子上吃了碗阳春面，然后，就真正的一文不名了。

他去找赵老师。

“赵老师，我没钱了……”

“没钱，哈哈，”赵老师朗声大笑，“没钱，那算啥？”

天气热，他把席子铺在地上，两人一起躺着聊天：

“孙超，你说没钱，我来问你，你卖过血没有？”

“卖血？没有。”

“哈哈，连血也没卖过，那还不叫真没钱呢！”

赵老师为他找了工读的机会，但他真正受益而不能忘的还是那不在乎的大笑：

“哈哈，没钱？没钱算个啥！”

果真，那个当年离开面摊后就一文不剩的退役兵便这样活过来了。二十多年后，坐在淡水三芝乡的小山头上占地百坪的房子里和你说这番话，等于同时让你看“预言”以及“预言的印证”。

在部队的那段日子，他学了两项绝活，其一是射击，其二是针灸，两者都是准确精密的艺术。这两项本事也让他获益不少，作为“神射手”，他的刻板的军旅生活稍获一些弹性特权，让他有一点点余裕来做“自己”。第二项本领让他因而认识了后来的妻子。

孙超结晶釉大皿

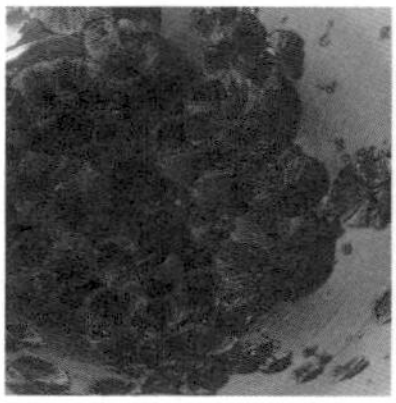

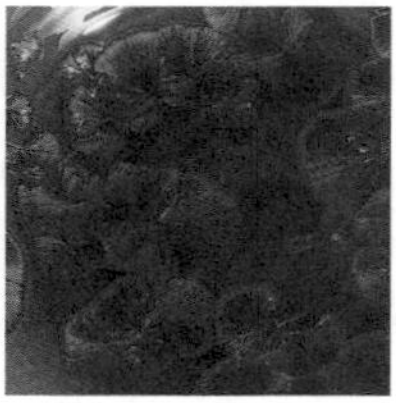

孙超似乎是一个对准确精密着迷的人，在这世上的百行百业里，如果有什么是比陶艺家更适合他当的，那就是“圣贤”这一行了。两者都是讲究唯精唯一的事业。当兵的岁月，每到晚上，他静心自省，怕自己有一念不纯全，一事不安妥。迷上结晶釉以后，他守住窑门口，竟像圣贤守住一颗心似的慎重，虽然窑外有仪器表，窑内有探测锥，两者都可以知道温度，但都不是最精准的办法，最精准的办法还是靠目测。有一次，看得忘形，竟致瓦斯中毒，全身高烧到四十一度，上荣总躺了两个礼拜。等身体好了，他依然时时刻刻去看窑，只是改良通风设备，并且加买了防毒面具和眼睛的防护镜。

有一次和朋友聊天，无意间打听另一位朋友的近况。

“他呀，他不成的，上帝不帮他的忙。”朋友是四川人，口才极好。

“为什么？”孙超一向实心眼，不知一个人为什么遭天遗弃。

“因为他变来变去嘛——结果上帝也搞不清楚他要干啥子！”

朋友说的只是一句笑话。他听了，却如受棒喝，一个人如不能本分务实，今天东明天西，连上帝也弄糊涂了，要帮也无从帮起！

他于是更专心地守住他的窑，以及心爱结晶釉。

第一次碰陶，是因工作的需要（在艺专读书选的是雕塑，而陶艺只是美工科的专利），那时他在故宫博物院的科技室，和宋龙飞先生一起兴致勃勃地去做黑陶、彩陶……买了许多书，累积了许多资料，对于陶瓷这种“窑门没打开之前，完全不敢肯定”的刁钻性格，他深深折服了。面对艺术加科学的双重难题，他变得斗志昂扬起来。生平喜欢困难的东西，像二十岁的时候，读那本胡适的《古代哲学史》，便是一场硬战。自己没有基础，没有时间，更没有老师，唯一的信念是反正中国字是认识的，人家写都写出来了，我难道看也看不懂吗？于是把书塞在口袋里，演习或训练途上停车的时候就拿出来看，看不懂就查字典。一本书看了半年，总算生吞活剥咽下去了，懂不懂不敢说，但至少以后看类似的书就不再觉得困难了。

醉心于寻根究柢，醉心于百分之百的投入，日子原来也就这样过下去了，不料有一天忽然后山山崩，整个科技室都埋在土里，他拨开水泥砸碎后的屋顶钢筋爬出来，再次捡回了一条命。所有精心收藏的书，所有曾经系恋的数据全埋掉了，三个助手也死了，还记得一位助手在里面急急哀哀叫着：“孙先生啊！孙先生啊！快啊！……”

生命原来是如此脆弱，如此不堪一击啊！经此一劫，他决心要作最无情的割舍，把其他都抛开，只专心致意弄一种结晶釉吧！

日本人有时把陶瓷艺术叫成“炎艺术”，让人看了不免一惊。

世上的艺术，有些真的是要经千度的火来煅，万分的情来炼，才能成形成器的啊！陶瓷艺术就是这一种，陶是奇怪的东西，既可以是小儿无心的玩捏，也可以是一生探之不尽、究之不穷的大学问。看来人也是大化或工或拙的捏塑吧？否则为什么人也是如此单纯又如此复杂的个体？为什么人也是探针指测不明，形制规范不尽，釉彩淋漓不定的一种艺术？人本身也是一种成于水、成于火、且复受煎熬于火的成品吧？

艺术理论上有人颇以为作品因个人的境遇而有悲喜，其实这话只说对了一半。莫里哀一生穷愁潦倒，最后死在舞台上，却是喜剧圣手。莫扎特贫病交加，英年早逝，其乐章却华美流畅，如天际朝霞，花溪春水，浑不知人间有忧愁。有的人是奇怪的战士，受创愈重，流血愈多，他愈刻意掩藏怆痛，只让你看、也只许你看他的微笑。孙超似乎也是这种人，看到他的结晶釉，清澈美丽，透明处是雪，艳异时似紫水晶原矿，令人想起云母，想起冰河，想起菲薄匀整的细胞切片图。我虽因性情所趋，一向比较偏好质木素朴之美，也不得不承认孙超所经营的精致无瑕的艺术。这种精纯唯美，几乎可以解释为一种赌气。命运，你要给我砂砾吗？好，我就报之以珍珠。命运陷我于窑火吗？我就偏偏生出火中莲花。一只陶皿，是大悲痛大磨难大创痕之余的定慧。那些一度经火的器皿，此刻已凉如古玉，婉似霜花。经过火——但不要让你看到烟熏火燎之气，经过火——但只容别人看到沉静收敛的光华。

我说到哪里了？是孙超的半生？还是他的火中取莲的结晶釉？我自己也弄不分明了。

——原载1986年1月7日《人间副刊》

故事行

石雕于他既是创作也是生命，是勤劳操作一世之余的“劳动”兼“休闲”。

他隶属于艺术，更属于神话。

一、出发

真是冠盖云集的场面！

这一天，是故宫六十周年院庆，出租车迂回上山的时候，我看到戴着白帽的服务人员把一盘盘漂亮的餐点往绿草如茵的至善园络绎送进去，真是人世间的好景致啊！车在礼堂前停下来，我才注意到周围全是黑艳发亮的轿车，坐出租车来真是“草莽”极了，何况我当时手上还提着一袋三十磅重的行李，自己也不免觉得形容古怪。

“会一完我要赶去中部，只好带着行李，可以寄放在你们这里一下吗？”

接待小姐很客气地答应了，其实她并没有问我，是我自己心虚，所以嗫嗫嚅嚅的一直解释。

终于准时进了会场，令人感动的不是那刻意布置的空间，而是“时间”，是一切发生在时间里的“故事”。六十年，一甲子，我们坐在这里，仿佛被邀来看六十年一循环的岁月。想起从前庄严副院长自称“老宫人”的语气，想起他提起自己年轻时，大学刚毕业，有一天，奉命入宫点收文物，他一脚走进宫中之际也正是宣统逊帝站起来走出去之时，一只吃了一半的苹果还放在桌上，帝王的身影从此走出宫殿，四千年帝制到此草草了结。而我，此刻能坐在这里，是因历史上曾有人赴汤蹈火，将皇宫化为我们可以出入的庭户，将钟鼎璞玉降为平民可以玩味的产业——六十年了啊！

郭小庄穿着唐代舞俑的衣服，高领窄腰，在台上作公孙大娘的剑器舞……所谓故宫，所谓四千年的帝王将相，一时俱成尘泥，留下来的是什么？是先秦的玉？汉唐的镜？是汝窑的瓷？是王羲之的快雪时晴？是八大石涛笔下的无限江山？……然而我却急着要走，行李在入口处，我要离开那斑斓的青铜，温润的旧玉，以及那些轴那些卷，以及那些隔着玻璃也觉古黯生香的老刻本……我要去赶最后一班赴埔里的车，我要去埔里看林渊，林渊和他的石头……

二、像牛羊一样在草间放牧的石雕

夜晚睡的时候舍不得关拢窗帘，因为山月——而早晨，微蓝的天光也就由那缝隙倾入。我急着爬起来，树底下正散布着满院子的林渊的石雕。其实，昨晚一到黄议员家就已经看到几十件精品，放在客厅周围，奇怪的是我一个个摸过去，总觉不对劲，那些来自河滩的石头一旦规规矩矩在木架上放好，竟格格不入起来，像一个活蹦乱跳的乡下小孩，偶尔进城坐在亲戚家的锦褥上，不免缩手缩脚。而此刻，这像牛羊一样在草间放牧的石雕却一一都是活的。虽然暂时坐着，暂时凝神望远，你却知道，它们随时都会站起身来，会走，会开口，如果是鸡，便会去啄米，如果是猴，便会去爬树……

石雕在树下，一只只有了苔痕。

记得在圣彼得大教堂看米开朗基罗的逸品，像《圣母哀恸像》，惊愕叹服之余，不免奇怪坚硬的石头何以到了米氏手里竟柔若白云，虚若飘縠。米氏的石头真是驯化过的，但林渊不是这样的，林渊的每一个石头都仍然是石头，碰人会疼，擦到会青肿，是不折不扣的莽莽大河上游冲下来的石头。它更不是中国文人口里那剔透单瘦造型丑陋有趣的石头。它是安而拙，鲁而直的，简简单单一大块，而因为简单，所以锤凿能从容的加上去。

说起锤凿，有件事应该一提，那就是埔里街上有条打铁街，那些铁制的农具和日用工具挂满一条街，这种景致也算是埔里一奇吧！

假如不是因为有那条铁器街，假如林渊不是因为有个女婿刚好是打铁的，假如不是这女婿为他打了锤凿，不晓得林渊会不会动手雕石头？

“林渊这人很特别，”黄议员说，“四十多年前，那时还是日据时期，他自己一个人做了部机器，可以把甘蔗榨成汁，榨成汁后他又把汁煮成糖。”

林渊到现在仍然爱弄机械，他自己动手做结实的旋椅，他也做了个球形的旋转笼屋。坐在里面把脚往中心轴一踢，就可以转上好多圈——看来像是大型玩具，任何人坐进去都不免变成小孩。

站在树丛中看众石雕的感觉是安然不惊的。世上有些好，因为突兀奇拔，令人惊艳，但林渊的好却仿佛一个人闲坐时看看自己的手，手上的茧以及茧和茧之间的伤痕，只觉熟稔亲和，亲和到几乎没有感觉，只因为是自身的一部分。但我和林渊的石雕间有什么可以相熟相知的呢？是对整个石器时代的共同追忆吧？如果此刻走着走着，看到这些石人石牛石龟石猴幻成古代的守墓石兽，我大概也觉得理所当然吧？甚至如果它又变形为石臼石杵石斧石凿，我也不以为奇，这样悠悠苍古的石头是比女娲用以补天的“五色石”还要质朴远古的吧？五色石已经懂得用华彩取悦文明了。而林渊的石头是从河滩搬来的，混沌未判，充满种种可能性……

三、沿溪行

那天早上我们出发，沿着野马溪，去找鱼池乡的“渊仔伯”。拐入坡道不久，忽然看到路侧乱草堆里冒出一只只石牛石羊，竟觉得那些作品像指路标一样，正确地指出渊仔伯的地址。继续再走不远，一座巨型的“四海龙王”放在路边，渊仔伯的家到了。这件作品大约一人高，圆大厚实，四方雕有四个不同的龙王，渊仔伯走了出来，硬瘦苍挺，像他的石作，有其因岁月而形成的刚和柔。

走进他这几年自己设计的新家，更吓一跳，大门上和院子里有许多易拉罐拼成的飞机，有捡来的旧钟，构成他独特的“现代感”，旧轮胎的内外胎显然也是他钟爱的“塑材”，他用内外胎“搭了”许多景观，慕容愣了愣说：

“我要叫学生来看——看一个人可以‘大胆’到什么程度。”

工作室的门口，有一块原住民惯用的扁平石材，渊仔伯把它树立在门口，像块布告板，上面写着：

六十六年石刻

林渊

五子三女

福建省海定县

无党无派

自己思想

每个人走到这里都不免一面读一面着迷起来，这有趣的老人！其实以他的背景而言，由于识字不多，也非自己思想不可，好玩的是他借用政治上的“无党无派”，然后再加上“自己思想”，显得这“党派”成了学派或画派了。

“这是真的猪。”他介绍自己的作品总是只谈故事，仿佛故事才是重要的，而他的石雕，只不过是那些说给孙儿听的故事的立体插图罢了。

“你知道吗，现在全世界每年杀的真猪只不过三四条而已，其他的都不是真的猪，都是人变的猪，真的猪就是这样的。”

他说话的表情认真而平淡，像在告诉你昨天母牛生了小牛一样自然，不需要夸张，因为自认为是事实。

“这个是秦始皇的某（老婆）啦！秦始皇遇到仙，仙人给了他两朵花，一朵全开，一朵还没开，仙人说全开的给老母戴，未开的给某戴。秦始皇看那朵全开的漂亮，给老母戴了太可惜，还是给太太戴吧！谁知道那开全了的花刚戴上去虽然漂亮，可是一下子就谢掉了，一谢掉，人就开始变丑，愈来愈丑，愈来愈丑，后来丑得实在没办法，她自己都觉得羞，所以就逃到山里去了——后来就生下猴子，猴子就是这样来的。”

如果兴致好，他会继续告诉你故事发展下去的枝节，例如这只猴子到村子里去偷东西吃，结果被人设计烫红了屁股，而秦始皇的妈妈因为愈来愈漂亮，秦始皇想娶她为妻，她说，不可以，除非你能遮住天上的太阳，秦始皇一急，便去造万里长城，好在遮天蔽日的事还是做不到的。唉，原来极丑和极漂亮都有麻烦呢！

不但林渊自己，连他作品的收藏人，在收藏作品的同时，不免也同时收藏了故事，像黄议员便能一一指陈。

“林渊说，这故事是说，有个人，生了病，他说谁要能医好他，他就把女儿嫁他。结果，有一只猴子医好了他，他只好守信用把女儿嫁给猴子，可是这事太丢人了，他丢不起脸，就把女儿和猴子放在船上，叫他们漂洋过海到远方去结婚，他们后来也生了孩子，美国人就是这样来的啦！”

奇怪，这故事听来像高辛氏嫁狗的情节，（因为它战阵有功）后来生子十二人，成为蛮夷。

01

01 林渊石雕（梁正居摄）

02 林渊在家门口（梁正居摄）

03 林渊正在画一张为自己宣传的“看版”（梁正居摄）

林渊有时候也以“成语”为题材，例如他雕婚姻，一块顽石的两侧各雕一男一女，男子眉目凶恶，女子五官平凡卑弱而认命，颈下却有块大瘿瘤，林渊想刻的是台语说的：“项颈生瘤，妇人家嫁了坏尪（丈夫）——都是碰上了。”碰的原文是ㄉㄨˋ，一音双关，指“碰”上，也指“阻”住。

但我看那石雕，却不免惊动，仿佛觉得那女人的肿瘤是一项突显明白的指控，她用沉默失调的肉体在反驳一桩不幸的婚姻。

“这又是什么故事呢？”

“这就是说，很早很早那时候，有人想要来盖一座楼，想要一直盖到天上去，可是有一天早上，他们一醒，忽然一个说一款话，谁也听不懂谁的，只好大家散散去。”

我大吃一惊，这故事简直是《圣经》中巴别塔的故事啊！

“这故事哪里来的？”如果查得出来，简直要牵出一篇中西交通史。

“书上写的呀！”

“什么书？”我更紧张了。

“就是古早古早的书，都写得明明，后来呢，又下了雨，一连下四十天，一天也不停，四十天哩，后来就做大水啦，这些人，就躲在船上……”

我们这才知道那件作品刻的是一列人头，站在船舷边上。但这故事分明是《圣经》中的方舟故事，难道我们民间也有这种传说吗？

“阿伯，你这故事哪里听来的？”治平毕竟是教社会学的，问起话来比我有头绪。

“收音机里啊！”他答得坦然。

我松了一口气，起先还以为出现了一条天大的属于“神话比较学”的数据呢！原来渊仔伯不很“纯乡土”，他不知不觉中竟刻了希伯来人的文学。

渊仔伯其实也有简单的不含故事的作品。只是即使简单，他也总有一两句说明：

“这是虎豹母，从前这山上有老虎下来咬人哩，老虎本来就恶，生了孩子，怕人害他的孩子就更恶了！”

“这是公鸡打母鸡。”

另外一座用铁皮焊成的人体，他在肚子上反扣一口炒菜锅，题目竟是“樊梨花怀孕”，真是有趣的组合。

林渊不怕重复自己，因此不会像某些现代艺术家天天为“突破自己”而造作，林渊不怕翻来覆去的重新雕牛、羊、猪、鸡、鸟、蛇、龟、虫、鱼和人。他的作品堆在家门口，堆在工作室，放在大路边，养在草丛里。走过他家围墙，墙上的石头有些也是雕过的，踏上他家台阶，阶石也是雕像，石雕于他既是创作也是生命，是勤劳操作一世之余的“劳动”兼“休闲”。他隶属于艺术，更属于神话。

林渊雕石（梁正居摄）

那天晚上我们回到学生家的别墅，躺在后院鱼池边看星月，有一株迷糊的杏花不知怎的竟在秋风里开了花。这安详的小镇，这以美酒和樱花闻名的小镇，这学生的外公曾在山溪野水中养出虹鳟鱼的小镇，这容得下原住民和平地人共生的小镇，这如今收获了石雕者林渊、摄影人梁正居、能识拔艺人的议员黄炳松的小镇，多富饶的小镇啊！

我觉得自己竟像那株杏花，有一种急欲探首来了解这番世象的冲动，想探探这片慈和丰沛的大地，想听听这块土地上的故事。

——原载1985年12月29日《联合副刊》

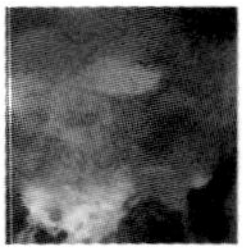

天门——记旅法画家朱德群先生

他会日复一日的继续画下去——

天也许无门，但绘画的手是一双肉质的凿子，可以凿破一线天机。

一、樟木箱里的朱砂仍在红着

是三伏暑天，白土镇的太阳直哗哗的照下来，大院子里陆续搬出来好多好多只大樟木箱子。箱子扎实芬芳而巨大，在阳光下有一种千年不变的悠悠强势，简直像一列森严的城寨子一般坚固威猛。

男孩有七八岁了，浓眉大眼隆准，嘴唇习惯性的紧闭着，有一种和他年龄不相称的自恃自重的神气。屋子里散发着长年以来隐约的草药香，箱子里则传来淡淡的樟脑味，男孩浑然不觉，入定似的站在阳光下，阳光把一切晒成空无状态，四下有一种奇怪的宁静，男孩有几分紧张，箱子就要打开了——

真打开了！每年这种时节，做医生的父亲，都要晒晒箱子里的宝贝，小男孩瞪着眼睛看，只见一会是查士标的山水，一会是仇十洲的人物，一会是董其昌的对联，一会是深深黯黯的绢画。绢画画的是什么，小男孩也不甚了然，但那凝重如华北平原泥土的绢色却令小男孩迷惑，古绢的颜色，其实就是岁月的颜色啊！那幅画其实是作者和岁月一起画出来的，小男孩当然说不清楚，但晒画的日子总是兴奋的，他不知道那是他最初接触的画展，年年七月，铺陈在烈阳下的中国历代画家的回顾展。

其实印象最深的也许不是那些伟大的名字，而是樟木箱的大盖子乍然掀开时，从闭锁的沉暗中忽然夺箱而出的石绿和朱砂的颜色，那样鲜艳跳脱，男孩迷惑了，几百年前的画怎么好像今天上午才刚刚着好色似的？

二、画门神的张师傅

张师傅住在对街，微微有些瘸腿，年纪有五六十岁了。

男孩站在店门口，看张师傅拿起一支毛笔，在纸上画了起来，男孩的父亲也画，但他隐约知道这张师傅的画法和父亲不同。张师傅正在画一幅门神，是刚才一家人家来订的，墙上还悬着一张财神画，也是村人订的。墙角则堆些白纸扎成的房子车马，是丧家要用来烧给死人的。张师傅画画的时候，凝定专注，有一份不自觉的庄严，几乎令人忘记他是个瘸子了。

张师傅窄逼而昏暗的小店面里有一种神秘不可解的气氛，他是一个那样卑微不起眼的角色，却能把生前和死后的福气随手许给众人。他把平安给了那些来订门神画的，让厉鬼邪魔不敢入侵。他把富裕的希望给了那些求财神画的、他把丰盛的衣食住行给了那些只身前赴黄泉的，让他们无虞匮乏。一个卑微的张师傅，如何在一挥毫之际横跨在可知与不可知的世界之间，把人间和阴间的好处慷慨的一一散给众人？

男孩的眼睛大而黑，看起东西来有一种专精不二欲搏欲攫的表情，像白土镇上盘桓于松林之上的青鹰。

三、你不知道下一秒钟会发生什么！

他渐渐感觉到自己的成长，感觉到自己体内用不完的弥弥精力，整个身体像通了电的导体，急于发动。他迷上了球，迷上了运动，而最迷人的却是在运动的时候自己的身体充满弹性，每一个别人的身体也充满弹性，每个球员自己本身就像一触即发的球类，全场每个人都要对场子上别人的动作立即反应，球场因此成为不可预期的地方，每一秒钟都有情况，每一个动作都可能让形势逆转……

“我本来想去考体专的，”五十年后，他回忆往事淡淡地笑了，“可惜家里不准，所以就去考艺专——”

一张画和一场球赛对他来说其实是一个东西，两者都充满无限的可能，你都不知道下一秒钟情况会转成什么！运动和绘画最迷人的地方皆在于此。

除了学校的体育，他最不能忘怀的是猎兔。每到冬天，绝早起床，长辈带着驯好的鹰，到朱家的大陵墓上去。陵墓深达十几公里，枯黄的土石坡上，孩子们各拿一根竹竿，每隔一百公尺站一个，一声令下，只消拿竹竿在地上横向一拨，黄褐色的野兔便从石缝里窜逃出来，青鹰立刻一攫成擒。青鹰俯冲的角度准确无比，它惯于先用拇指往兔子尾部一插，等兔子惊痛回首，再用其他三指兜住兔胸，便把整只尺把长的野兔握在掌里提飞而起了。

一个冬天总要捉二三百只兔子，少年一遍遍的看，仍觉不可思议，他隐约知道那样在一秒钟之间发生且完成的精准手法，那样从高天俯冲然后腾空的生动轨迹和日后自己要做的事是有些关联的。至于那冬日的枯原，原上的青鹰，鹰爪上一攫成擒的野兔，许多年来已成为心中一种熟悉的律动——创作从灵思一现到灵思成擒，不也是这样的吗？

四、借来的名字

村子周围是河，河边长满二人才能合抱的大柳树，春来千丝万绪，日复一日更绿胀起来，男孩已成长为少年。他爱自己到一个地方去玩，那地方叫天门寺。

一般寺庙都建在山上，这座寺很特别，建在谷底，反而四山如插，垂手拱立。天门寺离家只有七里路，少年放了假便自己跑来。灰墙俨然，巨大的松树在半天空里举起一片小草原，僧人从长廊行过，悄然无息，如同风声、钟声或松涛，一一都成为梵唱的一部分。

四十年后，在巴黎，在画完水墨或写完字的时候，他落下“天门居士”的名字。

想起故乡徐州，他总想起那些山，枯索的、多石多棱角的山，像乡人方愣的脾性。

那大寺为什么叫天门呢？那少年后来不曾有任何宗教信仰，对他而言，大自然就是那扇天门，由人而天的门。

那些山后来没想到成了哥哥打游击的屏障，为了峻拒日本人，哥哥带着游击队藏在山里，日本人不明就里，撞了进去，不料层峦叠嶂，处处都是死亡关卡。日本人吃了亏，后来就用轰炸来报复，他们家也就在轰炸中灰飞烟灭，包括那一大箱一大箱的收藏，那在三伏天的阳光上，比正午的日照更灿烂的记忆。

少年自己的名字叫朱德翠，他有个堂哥名叫朱德群，但世事难料，后来少年和堂哥竟用了同一个名字。事情是由于十五岁那年，初中毕业，来不及等毕业证书到手，立刻直奔杭州，打算和朋友会合，再学点素描，好能去考向往已久的杭州艺专。当时拿了堂哥的毕业证书去考，也让他考中了，等他去找老师说明真相，想改回本名的时候，学籍已经报上去了。他只好将错就错，一生一世和堂哥共享一个名字。他没有想到这个名字后来会成为播扬画坛的一个名字——如果说他比一般人更不在乎名气应该是可信的，反正“朱德群”于他只是借来的番号。让别人去记那个可有可无的名字，他要做的事很简单，他要好好监督自己，他要自己更丰富，他希望这个“自己”能画出更好的画来。至于这个“自己”叫朱德群或朱德翠又有什么相干呢?

连“天门居士”也是借来的名字，这名字是和寺同名，和寺一同立在神人之间的代号。

五、反正有手在

进了杭州艺专，他忽然狠下心放弃了打球。

01

01 朱德群　油画
开端之二 162×130cm　1989

02 朱德群　油画
静 162×130cm　1987

“不行，人只能选一样，打完了球画画，连手指都是抖的。”

必须有大割舍吧！想要有所攫取的人怎能不有所抛散。虽然只是一双手，但这双手却不可不小心持护。

当时的军训教育是在前三个月里把来自各校的人集中来上的。在十一个人的班里，他因为长得高，是排头，另外有个小个子，叫吴冠中，是排尾。他每次做完徒手动作跑到排尾站好，就刚好和小个子的吴冠中站在一起，两个人之间因而产生了一段友谊。如果没有碰到朱德群，吴冠中大约会读他那愈来愈觉无趣的电机，但由于这个狂热的朋友，他也练起画来了，特别是素描和水彩部分。从四月一日到六月三十日，军训集训结束，“画训”也完成。那个暑假朱德群干脆没有回家，陪着这个朋友待他考取艺专，这人至今也是中国大陆上有名的画家了。

“如果现在有一个年轻人，如果现在他是你的学生，你会给他什么劝告呢？”六十岁以后，有人这样问他。

“素描，素描的底子最重要！而且水墨和西画要并重——因为到后来这两样其实是一样东西，还有，就是他不能有名利心，人一有名利心，就难有大发展了。”

“你自己还有没有保留早期的素描？”“没有，1955年去法国以前的画一张也没有了，我念书时期的画都放在老家，日本人一轰炸，二三进的大房子全部片瓦不留了。后来我毕业做助教，在重庆留了一批画，还都的时候一张也没带。离开中国大陆来台湾也没带画——当时也不觉得可惜，反正有手在，丢了画算什么？1955年在中山堂开画展，卖了画就做去巴黎的旅费，这次回来想找我卖出去的画，可惜一张也没找着——”

找不到早期的画虽然不无遗憾，但人到巴黎之后，已有三十年了，每年要画出五六十幅，至今也有一千五百幅以上了，有手在，总不怕没有画吧？

六、也该从形里解脱出来了！

“在法国，你怎么开始画抽象画的？”

“其实，”他的妻子替他回答，“刚到巴黎的时候，因为参加两次春季沙龙，临时画了属于具象的二幅人像去，也都得了奖哩！”

“我当时画具象也画了二十多年，觉得也该让自己从形里解脱出来才对，我希望能画一种更自由更奔放更离谱的东西。我喜欢抽象，是因为它让看画的人有更多善用自己想象力的权利——其实抽象和具象并无好坏之别，抽象画有好画也有坏画，具象也是，画抽象画具象画纯粹是画家个人性向问题。”

“一个人，到满街都是画家的地方打天下，开头的时候，日子会不会很苦？”

01

01 朱德群　油画　深刻共鸣之四
130×195cm　1987

02 朱德群　油画　深刻共鸣之四
100×81cm　1987

02

“是啊，”朱太太说，“紧的时候就只能吃面包——其实那时候我们还是有钱的——但画廊没有给我们，我们就拉不下脸来去要，外国朋友听了都笑我们傻，该要的钱，有什么不好意思的，但我们中国人就是脸皮薄——而且又替画廊想，怕画廊不好意思呢！”

“当时你初到巴黎，有没有特别受到某个画家的影响？”

“有，有位叫尼歌尔斯塔（Nicola de STAËL）的画家，他是沙皇时代的人，后来在比利时的皇家艺术学院学画。他初到巴黎穷愁潦倒，后来又忽然大出风头；给人捧上天，忽冷忽热之间大概失去了适应力，四十多岁的人，就这样自杀了。我当时到巴黎不久，他的回顾展在国立现代博物馆展出。不得了，一百四五十幅画，一起拿出来，那时是秋天，十一月前后，我到博物馆去看，惊奇一个人怎么可以画到如此奔放不羁，我选择抽象画绝对和这人有关系。”

“能够刚去就被画廊看上应该算是幸运的吧？”

“对，的确很幸运，尤其当时的我除了会画画以外，什么都不懂，说来好笑，当时我在巴黎碰到学音乐的许常惠，两人住在同一个旅舍。许常惠说要带个日本朋友来看我的画，我又不懂日文，那日本人看了以后，透过许常惠比手划脚强调我一定要有个经纪人。有一次，我拿画到画廊去，经过几次来往，他们对我很欣赏；但那时是夏天，巴黎人一到夏天便要去度假——忽然有一天，星期天早上，我还没起床，就有人来叩门，说要完全经营我的画，说要跟我订合同——我当时愣住了，我连什么叫合同都不知道，所以赶快去请教朋友什么叫合同，可不可以订？朋友笑了，说合同嘛，就像结婚，订是可以订的，只是要小心有没有不利于你的条文，后来我跟这画廊合同一订就是六年。”

七、传统的包袱有什么不好？是你自己提不动罢了！

“有没有西方画评家，会把你们归类成东方画家？‘东方的’或者‘中国的’，会不会变成了你的设限？”

“一般来说，是有这种倾向。西方画评家，碰到东方画家，习惯的要说上几句：‘他表现了中国的、韩国的或者日本的趣味’什么的……”

“你呢？会不会受这种说法的影响，弄得自己必须去‘中国’一点，这件事会不会影响你的创作？”

“不会，我从来没有要刻意表达什么中国，我知道‘中国’自然会从我笔端出来的——其实以前在国内我倒是很西化的一个人，没想到人到国外反而跟传统认同了。像西方画家，他们画风景，一向只算人物的背景罢了——但是中国画，像范宽的《溪山行旅》，像李唐的《万壑松风》，你去看他们的画，一块块石头都画得跟铁一样重，他们不仅仅在画自然，也画人跟自然的关系。你看他们的画，你就知道他们跟自然有关系，你就知道他们画出来的是他们体会出来的东西，中国山水的艺术性，显然比西画要高出许多。西方人对大自然有其客观的分析——但中国人对山水对月光却是善感的……”

“你自己为什么要选择油画呢？”

“因为油画有最大的可能性，像表现光，表现色，都可以没有阻碍。油画像大交响乐团，有最大的包容性。”

“有的画家，很急于摆脱传统，你呢？”

“这真是笑话，传统有什么不好？为什么要排斥？有人骂‘传统的包袱’，我说，这‘传统的包袱’是你没那个力气，提不起来罢了！要是提得起来，可够你用的了。”

八、如果再年轻一次

“如果你自己能再年轻一次，你会怎么样选择？你会怎样要求自己？”

“我？”他毫不犹疑地冲口而出：“我要多读中国文学，画家画到最后，需要的就是这个——”

在巴黎城东，在城里和城外交界处，朱德群的画室高踞在十九层的顶楼（这栋大楼属于政府，下层作其他用途，顶楼则廉价——约合台币近万元——租给职业画家，在他们居住的那一区里这类画室共有六个，法国政府对巴黎这“艺术之都”的美名，是花了些精神和金钱维护的），整排的落地窗外，碗大的玫瑰正盛放，全个巴黎尽收眼底。画室约十坪大，古典音乐和阳光一起流漾生辉——在这间屋子里，他翻得最勤的两套书是《全唐诗》和《全宋词》。他也写字，也画水墨，每当此时，他会想起父亲，那逼他写颜字写隶书的父亲。但私底下，他却偷偷写行云流水般的王字，在巴黎的十九层楼上，他仍是天门居士，仍是那个在古城城郊天门寺里玩耍的孩子。

画室下的十八楼是住家，长子以华，次子以峰，都在这个城市长大。叫以华，是要他们不忘中国；叫以峰，则希望孩子登峰造极——他对孩子的期望其实刚好也是他自己三十年来的成就，他在油画世界里建树了中国这个国度，他攀登了一座座艰难的险峰。

九、向前走，并且不停地思索

通常早晨从九点到十二点，下午从一点到五点，夏天天亮得早黑得晚，就开始得更早，结束得更晚（巴黎的夏日，有时到十点钟天还亮着）。平均算来，每天可以画到十个小时，这样年复一年，日复一日，除非离开巴黎，他没有一天休假，工作比劳工还要辛苦。

“不能多睡！时间不够用，经不起浪费啊！”他喃喃自语，像一个时间方面的守财奴。从某些方面看，他仍像华北大平原上劳苦的农民，口里唱着“拴住太阳好干活”的那不甘心的跟时间竞走的汉子。

“怎么能到巴黎郊外租间房子画画就好了！租间房子来放大画，我一口气把想画的大画都画出来放好，画它一百张存在那里，要是死了，就死了好了！”

明眸凝肤的朱太太坐在一旁，小声地嘀咕了一句，对他开口闭口说死很不以为然。画家每是不顾死活欲泄天机的孩子，女子则常是有效的制衡，把他们拉回生命质朴的本相上来。

“以后的路，你会怎么走？”

“向前走，并且不停地思索。”他说：“技巧不算什么，技巧是一个人想出来表现他思想的，是自然流露出来的，要紧的是一直走，走到更深更远的地方去。”

可以想见的是，在巴黎的东城，在楼高十九层的绝顶，在可以纵览阳光和远景的画室里，在唐诗宋词余芳的熏陶里，在对王羲之范宽和李唐的思念里，在对于无形之形无象之象的“执迷且悟”的心情里，他会日复一日的继续画下去——天也许无门，但绘画的手是一双肉质的凿子，可以凿破一线天机。

——原载1988年1月《联合文学》

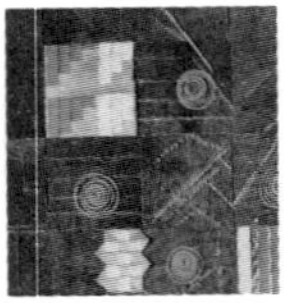

仗美执言

色与色相授，神与形相接。她在不能自持的情况下，一步步陷入困惑和奋扬，作品在梦中涌现，在冥思中成长，复在静定中一针一缕的完成。

我想，开始的时候，她自己也不知道后来会走得这样远。

就像嫘祖，偶然走到树下，偶然看见闪闪发光的茧，听到微风拨划万叶的声音，她惊奇的伸手摘下那枚洁白如雪凝练如蕾的椭圆形，然后拉开它，伸展它，才发现那是一缕长得说也说不完的故事。她并不知道自己已经扯出了一种叫“丝”的东西，她更不知道整个族人将因而产生一部丝的文化，并且因而会踏出一条绕过半个地球的“丝路”——她只知道那是棵碧绿的好桑树，长在一个温暖柔和的好春天。树上有一枚银银亮亮包容无限的茧，她哪里知道那样轻柔细微的一纤，竟能坚韧得足以绾住一部历史。

又如另个不知名的先民，在一个露水犹湿的清晨来到黄河边。听见水鸟婉转和鸣，一时兴起，便跟着学叫一声：

“关——关——”

水鸟傻傻地应了一声，他顽皮地再学一声。忽然，他发现那以“ㄢ”收尾的关字是多么圆柔婉艳。

“关关。”他说。

“关关雎鸠。”他说，忽然，他知道那是一个好句子。

“关关雎鸠。”他继续念，而水鸟在沙洲上，沙洲在河上，并且由于春草萋萋，看来轻而蓬松，仿佛随时都会顺流漂走。

唉，这样简单，一条河，一个春天，河上一夜之间绿透的半实半虚的沙洲，洲上半隐半现的水鸟，以及一个看见这一切的，又欢喜又悲切的自己。他觉得有话冲到嘴边，就照直说了出来：

“关关雎鸠——在河之洲。”

他并不知道那就是诗，他只想把春天早晨听到看到的说出来罢了。然而，他却吟出了一首诗，从一条河开始。

初识碧华，只知她是诗人罗青的妻子。而“诗人的妻子”这一职分，恐怕已经是负累颇重的名衔了。我一时也没注意她本人。后来在1982年我为泰北难民筹款，办了“作家小手艺义卖”，她拿出一些精致的刺绣首饰，才真正把大家吓了一跳。1986年她又在台湾

01

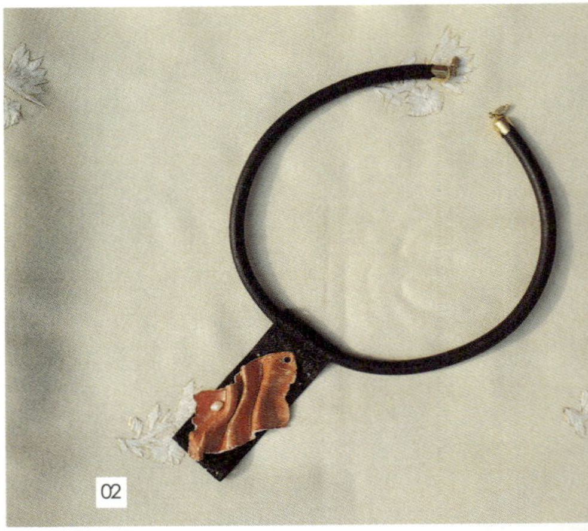

02

01 粘碧华　印度之莲

02 粘碧华　一片彩霞

03 粘碧华　霓虹之浪——浪花系列之三

03

民艺文物之家展出一次，作品更见丰美繁富，最近她把心得和作品结成集子，一页页掀开，只觉是一幅幅有插图的诗集——或者说，有说明的画册。歆羡之余，很愿意为她“仗美执言”。

碧华和丝线的因缘其实也很偶然。那年，她母亲出国，留一盒丝线给她，那大概是她第一次惊艳吧？中国人的色彩表现最早的可见于彩陶，至于文字方面的记载，则见《尚》：“以五采彰于五色，作服汝明。”可见早期的色彩是和丝线连在一起的（虽然并不因而不和别的连在一起）。彩色丝线的绚丽艳泽足以用来调剂单色的布，进而可以区别官阶军种，算得上是源远流长了。碧华爱上的那盒丝线，溯其源竟可以上接五千年前中国人对蚕丝爱悦流盼的目光。

碧华拿起针来，描摹之际，竟不知不觉便做出类似香包的小手艺，香包其实正是往古时代农业社会初夏时日的好心情。新嫁的女子，在第二年端午节，照例要做些香包分送族人，特别是小孩子，往往可以像“佩六国相印”般带着婶婶、嫂嫂、姊姊等人的不同香包。名为辟邪，其间自有手艺高下巧拙的比较，而新嫁娘的手艺一向是大家争看的焦点。碧华初试手艺时，心情或者亦如新嫁娘吧？分给大家围观传阅的时候，心情亦不过是节庆期间的一团喜气吧？

但缝着缝着，一针一线之余，她竟缝出自成一格的刺绣首饰来了。世上的首饰虽然有金有银有铜有锡有珠有玉有各种钻石宝石且有玻璃、陶瓷、种子、木头、骨头、牙齿……但要找一条精致的刺绣首饰却必须到碧华的工作间去——这件事，开头的时候，我敢说，碧华自己是一点也不知道的。她只是觉得丝线鲜活美丽，她只是知道把两根丝线放在一起会比一条更鲜活美丽，线线相迭，不意就这样竟撞出一番乾坤来了。

我看碧华作品的心情，也如端节小儿伸手讨新嫁娘的香包，挂在身上，无限喜悦——为那一手生香活色的好针线，为村社间的好年成好节景好兴致，为玩着玩着不知不觉开了宗创了业的潇洒。

细赏碧华作品，或仿战国玉器，莹润温婉。或拟印度色彩，幽艳玄秘。或作螭蛟腾云或成花团锦绣。其心思之致密，品味之醇雅，用色用针之能宏肆能守成，都令人惊喜错愕不已。

如果碧华一开始就立好计划，打出旗号，拟定十年工作进度表，要把自己造成一位“现代化刺绣首饰制作人”当然也没有什么不好。但我更喜欢她目前的程序，是不知不识间拈起一根属于母亲的丝线——然后再拈起另一根。色与色相授，神与形相接。她在不能自持的情况下，一步步陷入困惑和奋扬，作品在梦中涌现，在冥思中成长，复在静定中一针一缕的完成。

我为碧华喜，但更为可以产生碧华的社会喜，为艺术上英雄四起开疆拓土的鹰扬时代喜，为传统可楔入现代喜，更为自己可以看到好东西的权利窃喜。

我仿佛看见

太长的路，太繁复的任务，秀治，我仿佛看见你的挣扎。
然而，我是放心的，因为仿佛看到你惯有的、笃定的笑容。

一

秀治啊！

上天怎会生成一个像你这样的女子。这样一个锦心绣肠的女子。

你的绣件挂在故宫的展览场里，这个一向展出宫中旧玩的地方，忽然把现代人的刺绣、雕刻、陶艺一起推出，不免令人讶异。仔细想想，倒也没错，从前的艺人侍奉皇帝，现在皇帝没有了，艺术家为我们市井小民提供可触可见的美感，这是一个不再有尧舜，却人人可以为尧舜的时代。

你的刺绣和别人的作品使展览场庄穆凝肃，如同牲礼使殿堂神圣。在这样好的时间、这样好的地点，有这样好的人和事相遇。

二

而刺绣是何年何月开始的艺术？我仿佛看见，在嫘祖抽丝的腕底，在石针穿孔的慧心，在远古远古的年代，中国人已开始用千丝万缕来刺绣了吧？

而你，秀治，刺绣的女子，我仿佛看见，你沿着时间的轨迹行来，你是历代中国女子巧手的新传人，一根长长的绣线自古至今牵扯不断之际，你的针却已扎向现代。

“绣这样一幅画！”我问得极外行，“要几针啊？”

“没算过，但几十万针总有的。”

秀治啊！这样的出发岂不也是天涯行脚，我仿佛看见，一针一针，针针都是险境，针针都是犯难。你这样千山万水行来，其间有多少跋涉，我们又怎能知道，我们只见你心闲气定低头抚筝，哪里知道你所行经的穷山恶水。

三

有一年，我们组团去北美和欧洲，有人带着吉他，有人带着巴松，有人带着剧本，有人带着美好的肉嗓，而秀治，你最累，你带着你的二十幅刺绣。“她不是杨秀治吗？为什么身份证上是陈秀治？”负责办手续的女孩来问我。

“她曾经是养女，杨是她的本姓。”

我简单的回答，却知道那是一段长长的不简单的历程。我仿佛看见当年幼小的你才刚满月，便被大人抱着，走过曲折的巷陌，跨过田间的沟渠，送到别人的家去，去做别人的女儿。养女风俗也许真的不好，但因你的人好，也因养母人好，整个故事仍然是一则爱的故事。那些年，我不知道你曾经经历些什么，但我知道，我们一起作息的那两个月里，整个团里最早起来的是你，最晚睡去的是你。进入会场，你总第一个着手布置，离开会场，你必然是收拾善后到最后一秒钟的人。有委屈，也见你微笑，有病痛，也只见你隐忍，一个人，竟可以好成这样子，真令人惊奇。用强力去压石头，只能得到一堆碎石，但压一枚甜橙，却汩汩然流出丰盈的汁液。秀治，我不知道你如何学会宽柔含忍和勤奋自重，我却仿佛看见一粒橙核如何钻出地面，如何成树开花结实，并且从伤痕中倾出甜美的果汁。

四

在旧金山的展览会场，有一个男子走过来，坐下，望着你。

“奇怪，我好像在哪里看过你，怎么那么眼熟？”

“我也觉得你好熟，你在台湾住哪里？”你说。

“丰原。”

“我也住过丰原。”

关系算出来了，那男子的外家和你母亲的娘家有些关联。

我多么羡慕你！至亲骨肉，人人都有，但要有远亲，却必须在一个地方住上一百年才行。奇怪，秀治，我以前想起你的刺绣，常常觉得是上帝给你的特别禀赋，又觉得是你在不自觉之际吸取了中国的文化——但那一天，我看到你巧遇乡亲，才忽然发觉你也属于村野小镇，属于泥土田畦。我仿佛看到你移到绣画上的是篱间的牵牛，屋角的野菊，是群山的横翠，是晨雾的布阵。秀治啊！原来你来自故国的神髓，也来自眼前亲和的大地的肌肤。

五

初中二年级，养母把你送还生母。你不敢向养着八个孩子的母亲要钱读书，于是，初二，就是你的最高学历了。

然后岁月便和一架缝纫机联在一起。用它替人缝嫁妆，用它为学生绣学号。我仿佛看见，日子那样日复一日在学号的十个阿拉伯数字间作颠来倒去的组合。在单调中亦自有乐趣，譬如说，有的小孩穷，你没有收他钱，那孩子简直呆了，不敢相信这种好运气。

01

01 02 杨秀治　刺绣

然而我仿佛看见，那瘦小黑愣的你，一向自卑缩却的你，忽然隐隐感到身心里面有什么要迸裂要挥扬的东西正在夺门欲出。当时的你，自己也说不出所以然来，那东西，便是多少人追求一生而不得的天宠，也有人一度获得后来又被上天夺回，那样东西是——创作的原动力。

我仿佛看见，像武侠小说里全身真气流布却因未受训练而苦无一技的侠士。你有着对人世的悲悯与关爱，你有着面对一尊民间泥塑而忘神揣摩的痴绝，你有着来自生活的、简朴的、当下直悟的智慧。然而，然而你却是既不精于剑也不娴于刀的侠士，你为此郁苦不安了。

然后，在家人的谅解和支持下，你北上学画。你试着把画移到布上，针是笔，线是彩，你摒弃了格子和描画，直接绣上去，奇怪的是不论是米勒的拾穗，或是宋人的草虫，你都可以手到擒来，用针线将之再现。

除了学画的快乐，明师益友的提携也令你感激兴奋。我仿佛看见当年的你，有一天，听说有一位梁寒操先生很欣赏你，想见你，但你因来自乡下，也不知此人是何许人物，及至贸贸然冲到中广，才忽然被森严的门禁吓了一跳，几乎徘徊不敢入。等知道梁先生的盛名，才发现他的平易谦和多么可贵。老一辈的贤达宗匠每有爱才癖，但，为什么，好人总让你碰到了，除了你常说的因为上帝爱你之外，恐怕还是你的善良、敬慎和力争上游招来的吧？

原来只想到台北来学画的，然而学到的却远比画多。我仿佛看到那年的你，如饥似渴的你，学国画、学素描、学书法、学写生、学着去读书、学着在别人的盛赞中只知感激而无闻于溢美、学着自信也学着谦卑。

六

开画展了，在1977年，由于是历史博物馆办的，所以并不出售。然而，裱框是要钱的，钱从哪里来？你是不愁的，总相信天不绝人。

天果然不绝人，有人送来十万元。笃定、天真和信任是你原来就有的美好质量，你相信事情会一步步变好，这一切原在你的意料中，但你还是大吃一惊，因为料不到过程如此曲折。

许多年前，一对夫妇在山上种苹果，怀孕七月的妻子忽患急性盲肠炎，下山来开刀。第二天婴儿早产了，先生带着刚满周岁又吵又闹的老大到处去筹钱。你知道了，亲自送了钱去，并且留下来照顾产妇。那家医院因为不是妇产科没有保温设备，天又冷，医生说孩子活不成了，你不相信，寒夜里抱着孩子挨到天亮。过了一个多月，母子平安出院，又回到山上种苹果去了。后来，各人忙各人的，也就没联系了。没想到事隔十几年，在你最需要钱的时刻，他们送来这笔巨款。

我仿佛看到那年的你，惯于给予的你对那一笔关爱早已忘掉，不料在画展前夕却及时反弹回来。真不可思议！秀治啊，看到你的人每每见你敬谨安拙地立在绣画旁边，辞不达意地说上一二句话，却哪里知道你的生命充满起伏的情节，精彩而令人目不暇接！

七

看你的新作《雪虎》，心中鼓荡，如大江上饱胀的旧帆。

雪线以上，路迷东西，两只斑斓的猛虎在没膝的深雪中径行。秀治啊，我仿佛看见，你所绣的，岂不正是你自己吗？这些年来，你为人妻复为人母，一面照顾两个精力旺盛的小男孩，一面想要持续去绣几十万针才构成的一幅画，谈何容易！然而雪中的虎虽步步寒透指爪，却不失其威，返首待啸处，依旧天地回合，山川俯伏。

秀治啊，前路漫漫，我仿佛看见，你正是那举步维艰的女子。太长的路，太繁复的任务，秀治，我仿佛看见你的挣扎。然而，我是放心的，因为仿佛看到你惯有的、笃定的笑容。

八

如果艺术品也能魂梦相通，待参观的人潮散尽，那些故宫中的木刻、玉器、铜器、竹雕或宋瓷想必会一一前来看这用现代针车绣成的画面。我仿佛听见它们说：

“啊哟，可惜，那些当皇帝的，都没看过这种刺绣呢！”

然后，我仿佛听到你那安静的绣画自己说话了：

“不是的，我不属于皇帝，我属于一个人人有尊严的时代，我属于一个村姑可以成为大匠的时代。”

秀治啊，我仿佛听见。

——原载1986年6月10日《联合副刊》

会过日子的女人

如果把《我》剧看作一部女性电影，

应该是一部柔婉的把四十年来的中国女人作一番纪实的好片子……

北方人有一句赞美女人的话，叫“会过日子”。

小时候听到这句话总要纳闷：为什么说“会过日子”呢？难道还有人不会过日子吗？人人不都在过日子吗？日子总要过的呀，多奇怪的一句话！

而且“会过日子”一词有时候竟也指节俭而言。

日子渐渐过去，人长大了，开始喜欢“会过日子”这句话了。人的一生，是一连串的岁月，是解不完的难题和困境。像一个口吃的人，给硬生生地拉到讲台上，规定要面对群众作两个小时的演讲，每一分钟都是惊险无奈，但总得讲下去，直讲到钟声响起，可以解脱为止。人，生而拥有一生，长长的一生，人的基本问题就是个体和漠漠时间和茫茫空间之间的问题（附带问题便是在此一生中和其他个体之间的问题）。看起来，“会过日子”说得倒真有道理。人，虽然都身在日子中，但真正会过日子的，毕竟是少数。

像最近一部电影《我这样过了一生》里面，杨惠珊便是那会过日子的人，她的丈夫李立群却不是。

故事从三十多年前开始，当年搬迁来台的许多人中，有一小批是“依附亲属”而来的，那些不避麻烦肯带亲戚来的人，其实也多是善良之辈，但定居之后，小小破破的房子里长年挤着一个外人，日子必然有其尴尬和磨难。而未婚夫久候不至，嫁人便成为女主角唯一的出路。

女主角爱男主角吗？如果按近年西方流行的“女性电影”立场来看，她是不爱他的（她心中自有一段遥远的恋情），不爱他而嫁他，岂不是买卖婚姻，和女性电影中的“女性自我意识抬头”的金科玉律是相违的，而杨惠珊坦然嫁了。她当时也许连去跟表姐说都说不清楚，但她心里必然隐隐知道，知道自己不是嫁过去依附谁，她嫁过去是要当家的，她知道自己能吃苦有志气，并且事事讲理——这样的女人在每一个屋顶下都是稳坐江山的。

女主角是美丽的吗？当然是的，但这类女人的美基本上美在她从来没有时间去计较自己的美丑；美在雨夜行来，把别人施给她们的剩菜毅然丢在垃圾箱里（也难为导演，居然还找到1961年时期的

《我这样过了一生》剧照（杨惠珊提供）

垃圾箱），美在她横眉竖目，怒打前妻赌纸牌的儿子，而忘了避嫌；美在她挺着肚子到牌友家去抓丈夫回家的暴烈；美在她台风夜搂着五个孩子坐在床上等水退的担当；美在乍听遭逢婚变的老板赞美她之余，她知礼的低眉俯首，只是淡淡的接纳，只是淡淡的拒绝；美在她离家而复返，知道丈夫并不是坏人，他只是意志力薄弱罢了，她还是得回来，回来做日子和全家的主人。户口簿上的户长虽然不是她，但她其实才是真正的户长。真正的一家之主，她不能弃职。

西方的女性电影风行一时，说“发人深省”倒未必，说“发人微省”尚可言之成理。其中《不结婚的女人》《她的第二个男人》《克拉玛对克拉玛》（也有人宁可把这一部看作男性电影的）、《法国中尉的女人》《杨朵》等都是风评和卖座皆不错的。但所谓的女性电影仍不脱家庭情感和事业等人际关系，西方谈女性自觉，往往重点总指向性（《杨朵》是个比较好的例外）。如果东方人来拍女性电影后果会如何呢？至少样样喜争第一的日本人一定不肯免俗而不谈性开放的。我认为从某个角度看，《我这样过了一生》应该可以看作一部“女性电影”。当然，反对的人可以说不然，因为这部片子触及的范围极广大，不仅是部讨论女性问题的电影而已（举例来说，《我》片亦包括1950年到1985年间的中国社会的家族伦理关系，为一项订婚而等待七八年，后母对三个幼儿的照顾，乃至临终前要求前妻女儿对自己当年未婚夫在大陆上和他人生下的

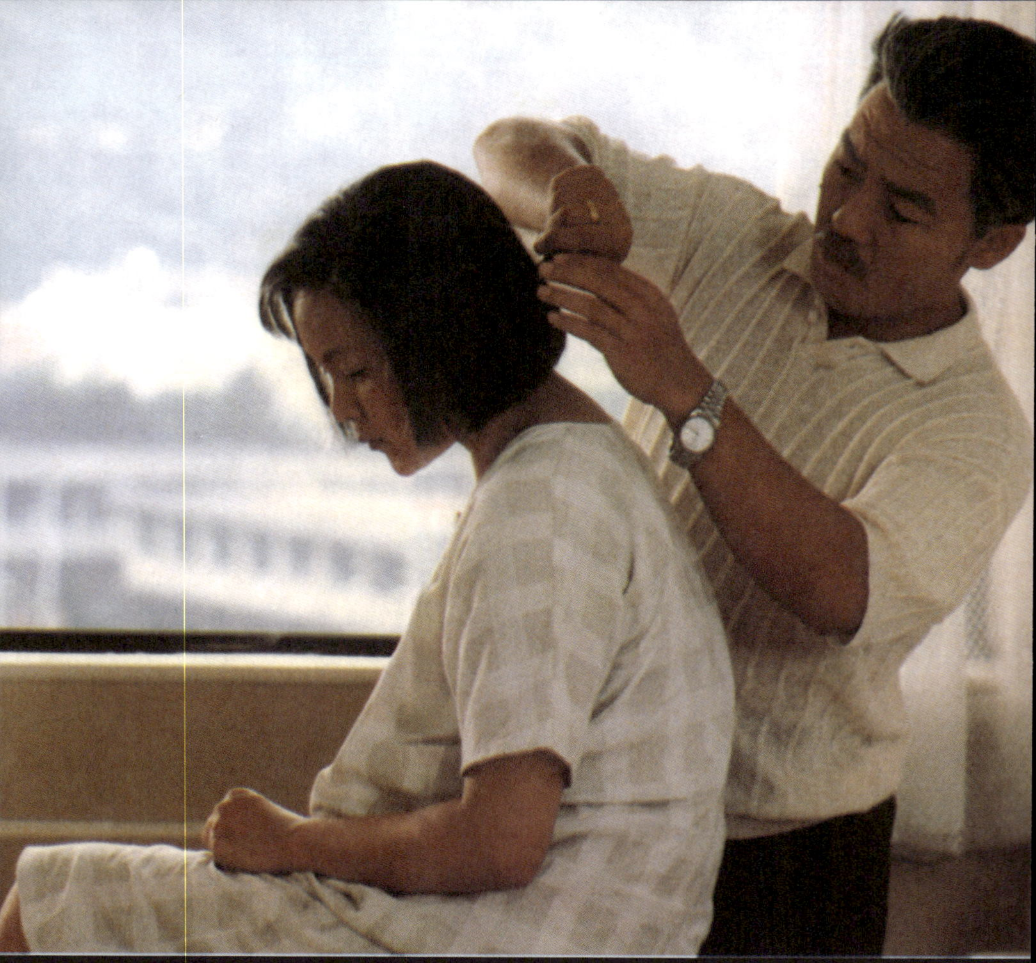

《我这样过了一生》
剧照（杨惠珊提供）

儿女的越洋接济，都是社会学上的好论题），但一切好的事物不都是因为包括了较多较广较深的背景吗？一部女性电影如果只讨论女性又能讨论出一些什么来呢？“文学艺术”，亦如现代化的大生产企业，每每附加许多优良的副产品。事实上，杨惠珊本人在演这部戏前后，也经历了一段不算简单的“女性演员”的心理过程吧？一个女演员如何舍弃美丽的形象而变为肥满再复变为病枯，杨惠珊本人也历经了一段成长吧？常听人骂国片中女明星太爱美，历经死劫也能秀发一丝不紊。其实，该挨骂的不仅是女明星吧？大部分的观众喜欢才逼得她们如此吧？杨惠珊今天所作的（例如努力增肥近二十公斤）固然值得鼓掌，其实所有的观众不也该自豪吗？社会能要一个漂亮的杨惠珊并不稀罕——社会可以接受一个不漂亮的杨惠珊才叫了不起。

如果把《我》剧看作一部女性电影，应该是一部柔婉的把四十年来的中国女人作一番纪实的好片子，不探讨女权，而女权自然包含在其中。透过付出，透过卑微，透过一无所争，而终于成了一个没有人可以与她相争的人。

多么会过日子的一个女人。

——原载1985年10月1日《人间副刊》

衣宫半日记

伊丽莎白一世却不断用衣服来建立她的棣棣威仪，
让别人和自己都忘记她荏弱的一面。看来衣服也可以是另一种面具。

走进那房子以前，我犹豫了一下。

时间是四年前的夏天，地点是在伦敦的汉普顿宫。

其实，那天一大早已在白金汉宫前面看过不够精彩的御林军表演，刚才也参观了汉普顿宫的正厅，下午还要赶去温莎古堡。而眼前的这一间有什么特别值得参观的理由？它展出的不过是些几百年前的旧衣服，何况还要另加门票。犯不着在我们忙之又忙的行程表里插进这个项目吧？

可是伊丽莎白一世对我而言，还是有其执拗的吸引力的，书上说，她当年文治武功鼎盛，所以才产生了莎士比亚。她能打垮西班牙的无敌舰队我倒不稀罕，但如果因为在盛世出“人才”的

亨利八世的衣服，惊人的肩宽，

几乎把人撑成“方形”的了，

衣上的宝石抄袭自祭司服饰，

有其政教一统的意味。

原则下，造就了莎士比亚，却不能不佩服。

进了这间“衣宫”，不觉立刻喜欢上了。一个个蜡质模特儿，把老衣服撑起来，一时间恍若回到了十六世纪，真是“人死留衣，豹死留皮”啊！当年所谓“一世之雄，王图霸业”，岂不都在衣服这面无字的令旗下进行的吗？剥下了这一袭袭的衣服，其中的七尺之躯又能有怎样的不同呢？

在一片的衣服森林里看得出来，伊丽莎白尤其雅善此道，如果她本人不是服装设计师，至少也是个设计的伯乐，可惜博物馆的全豹不能一一为读者导游，只能就手头的一些数据略加介绍：

话说十六世纪皇室的衣服非常繁富华丽，熠耀夸张，女人如此，男人亦然。伊丽莎白的父亲，那个以杀妻闻名的亨利八世，曾经为离婚事件一怒而脱离罗马教廷，他身上的衣服也恍然是一篇“独立宣言”。在“衣宫”里就有一件他的王服，胸坎上赫然有十二块红宝石，显然把旧约《圣经》里祭司的“以弗得式”法衣的设计偷来了，一看便有其“政教大权集我一身”的意图。其实以色列当年祭司需佩十二块宝石，是因为以色列分十二支派，十二块宝石缀胸前有怀抱众生之意，没想到亨利却把它拿来强调自己的“政教”大权在握了。

看了亨利八世的诸种衣服不免好奇，此人如果脱下衣服，到底肩宽若干？一般的朝服大半极尽夸张其阔肩之能事，如果真像衣服显示的，有那么宽的肩，此人简直是“方形人”了。不过有一张图倒显示出，亨利八世和妻儿人体比例的悬殊实已达到令人吃惊失笑的程度，虽然那是由于一位不知名的画家的刻意讨好，但其实也多少保持了几分写实性，换句话说，穿好衣服的亨利就像鼓足了气的蟾蜍，的确有威武而足以吓倒人的地方。这篇文章本来是要写伊丽莎白的，怎么会反复讲她的父亲呢？其实如果不了解亨利第八及王朝中“王权”的肆张，则很难了解这年轻女王当年怎样一步步营建自己的势力。

如果从当年男女衣着有别着眼，则伊丽莎白十三岁那件衣服的画像，显然要把她留在一种“乖女孩”的模子里。珍珠头箍，最不惹事的形象，手握《圣经》，架上是祈祷书，胸前则悬着十字架，好一副虔诚纯洁不染尘俗的模样。至于硬瘦的玉肩，长的腰身，大而无当的袖口，加起来刚好等于“不经事、不长智、无欲无求的少女”的面目。

但这个少女终于长大了，并且由于种种机缘而一步步踏上王位。她要不要穿得像她的继母安妮皇后，一副慈眉善目有如修女似的？她要不要穿得像另一个安妮皇后——她的母亲那样华贵利落（她于加冕后三年赐死于伦敦塔）。显然两者她都不肯，她有她自己的主张。

01　安妮皇后，亨利的“众后之一”，伊丽莎白的母亲。安宁含晖的珍珠，对当时母仪天下的皇后而言，有其暧暧内含光的象征意义。

02　13岁的伊丽莎白，不管出于自愿或强制，把自己打扮一副“小圣女”的模样，身材平直，手握圣经，莹白甜净，胸前还挂着十字架，是乖乖牌少女。

03　胸前的横饰颇有男子甲胄之慨，珠链的挂法也截短了，整个人看来英气勃发。

衣者，依也。

这是《说文解字》的说法。

但依它来做什么？

用以避寒？

或兼以伸张势力？

04

04 登基以后的伊丽莎白一世，从服装上看出她权力的扩肆，至于绉领，有人以为有遮住劲部绉纹之妙。

05 全盛时期的伊丽莎白一世，刚刚打败西班牙的无敌舰队，衣服极尽华丽，珍珠、金线乃至蝴蝶结缀满一身。膨大的衣袖和厚实的衣料，使她看来有九五之尊，右手按在地球仪上，似乎有意提醒自己，“我是多么伟大的女皇”。

05

伊丽莎白女王有件衣服，胸位部分有明显的横条，看起来有类似甲胄的魁梧感。原来她和她的父亲一样，有“横的扩充”的兴趣，总是不忘尽量把女性的柔媚减低到最小程度，把男性的强霸适度的加进去。就算是一串珠链，她也要打个结，扭到侧边，使长长的珠串不再作淑女状，反而有一种仪队服饰的俏皮生鲜。

如果把她和慈禧相比，两个女人都免不了喜欢珠围翠绕的那一套，但慈禧却一径把自己打扮成一个老奶奶，看来是透过母权掠夺政权的人物。慈禧的男性色彩只表现在口头上喜欢别人叫她“老佛爷”那个“爷”字上，而不是衣服上（至于光绪皇帝，则得叫她“亲爸爸”，真怪啊！）。伊丽莎白则不同，她是名正言顺的女王，她要穿出自己的权力感来。

女王其他衣服大抵也兼美丽华贵威武之长。晚年的那件在堆金砌玉之余，竟意外的缀满粉红色的蝴蝶结，有点想恢复青春少女的形象似的，但一只玉手毕竟已按住一个地球仪，而不复是闺中的绣事了。

女王一径爱用的衣料，织法藏暗花，有柔韧确实的质感。这种衣料一旦加上垫肩和披风，其膨胀夸张处，不下乃父当年的皇袍。

兰陵王由于想在战场上遮住自己一张斯文善良的脸而挂上面

具，伊丽莎白一世却不断用衣服来建立她的棣棣威仪，让别人和自己都忘记她荏弱的一面。看来衣服也可以是另一种面具。

走出“衣宫”，阳光正艳，想四百年前女王新衣乍试，顾盼自雄之余，什么是她窃然暗喜的，什么又是她怅然若失的呢？

——原载1983年6月2日《人间副刊》

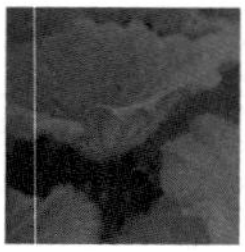

访香港导演方育平

我最关心什么？我最关心的是身旁的人和事。但是可以知道的是，不管我做什么，大概总无非是在关心身旁的人和事……

从课堂出来，眼睛里残存着兴奋和疲倦，一条旧牛仔裤，一脸似乎以无所谓的心情蓄留下来的胡子，整个表情是介乎“悠闲自在”与“蓄势待发”之间的。这样的人，放在中环地下铁的出口处，绝不显眼，但相反的如果放在国际影展里也绝不失色。

我们见面的地方是学校的贵宾室，时间是正午，由于彼此都在这学校教书，所以身份上可以算“同事”。不过，我之所以被邀来做访问的真正原因是由于别人把我算为“作家”，而他之所以被访问是由于戏院里刚演完他所执导的《半边人》。这个访问你要怎样定名呢？你可以说，这是“中文系讲师对传理系讲师的访问”（香港对“讲师”一词的定义略等于“教授”），也可以说“观众跟导演的交谈”，或者“港台两地艺术工作者的接触”，下面是我整理出来的纪录，我尝试尽量让这新锐导演方育平先生自己说话：

不错，我读过浸会学院，那是1980年的事，1982年我就走了，到南加大去读电影。我初到浸会本来是念数学和物理的，我非常用功，但奇怪的是就是念不下去，我自认并不太笨，不知怎么就是念不出来。我想想，我又为什么要念这一科呢？不过是听别人说读这一类的东西生活比较有保障，我为什么一定要受这种苦呢？我终于转了系。

到了传理系就不同了，我念得很好，还拿奖学金呢！

不错，我那时除了读书还很热心地办社团，我创办了浸会电影会，去租影片来放给同学看，这件事我做得很有兴趣，可惜后来的同学没有把它接下去，现在这个社团算是没有了。

你说得对，南加大学费出名的贵，我去念，是因为它电影方面实在好，我当时还得打工的。1986年我念完，跟着就回来了。不，没有耽搁，也没有到什么美国的公司去见习，是立刻就回来了。为什么？这也没有为什么，我学电影学了这么久，很想做跟它有关的事，我从来没有考虑过要去别的地方，电影既然是一种文化，文化就离不开一个根，我当然要回香港。

现在吗？现在我仍然觉得香港最好，香港人生存的力量最强了，是一个很特别的地方，香港每年有二百部影片呢！小小一个香港。

“新写实主义”，对，有人说我的手法是新写实主义，但是，哈，老实说，我自己并不知道我属于新写实主义呢！

其实，我只是一直按部就班在做事，我回来以后，先到香港电视台做副导演，以后升到导演，天天都拍戏，当时的戏叫“塞拉利昂下”，是剧情片。不错，你说得对，我学电影，却到电视台去工作，也许电视片对学电影的人来说不够艺术——但是，你要知道，这里是香港，情况不同，电影也未必就艺术，我在电视台工作最大的收获是学会了teamwork，我们可以有一个固定的team，这样合作起来很顺很好。

我的第一个戏是《父子情》，这里面的故事有着自传性质。我家在香港已经五代了——比英国人来得还要早哩！一代一代，都在务农，我的父亲却纵容我，让我自由自在学我爱学的东西。几乎从七八岁开始，我就玩摄影机，小时候，我家住筲箕湾，我用皮鞋盒挖了洞，放幻灯给小朋友看，每人都要收“公仔纸”哩！我从我父亲了解一件事——牺牲——他在为这个家牺牲。我毕业那年他很高兴想来看我，却意外的旅途上死于心脏病……

有人说我擅长拍女人戏，大概是吧！我觉得我这一生受女人恩情太多。起先是我的母亲，以后是我的姐姐、我的妻子。譬如说，我姐姐，她为了让家里集中力量栽培我读书，她自己很早就停学了。我妻子，为了支持我拍片，也牺牲不少……不知为什么，女人总是常常愿意为别人牺牲的，也许这就是我在影片里去一再描述女人的原因。

我一直用“同步录音”，也喜欢用一般人来当演员，感情表现比较直接，比较自然。

对我来说故事不重要，我们平常总是用一个编剧小组大家一起想的。对我而言，重要的是对你所要描述的人有感受，知道他们。

也有人说我处理手段很“冷”，那大概也是对的，别忘了我起先是读传理的，传统上读新闻的大概都是冷峻的吧？

拍完一部戏有什么感觉？都有，你所说的那些都有，也就是说，既高兴，又不满足，一方面感觉是完成了一项工作，另一方面却也有着散戏之后的虚空……

不错，你听人说得对，我下一部戏想拍一个“顺德人”的故事。当然，说起顺德人就让人想起从前的佣人。现在，顺德人的位置是被“菲律宾佣人”取代了，但是，这是两件完全不同的事，顺德女人做佣人是一生一世在主人家里的，是一家人，而且也是那个时代女性求经济独立的手段。能不能拍得好我其实也不知道，但是觉得那些人那些事是我从小熟悉的，是很切近的，应该可以试一试。

——时间过得真快啊！前几年我还在被教，总觉自己还没有学会什么，现在忽然就教起别人来了。时间过得真快啊！

——我最关心什么？（别忘了我是学新闻的）我最关心的是身旁的人和事。以后会干什么？不知道，但是可以知道的是，不管我做什么，大概总无非是在关心身旁的人和事……

（这篇稿，由于我自己的冗事繁杂，居然拖到五个月后才完稿，当然，此刻看来，晚点执笔倒也有其好处，时间把某些不重要的琐节过滤掉了，现在，如果你问我对方导演的印象，我只能简单地说，我仍然记得的是他的黑瞳，安静而温切，他的手他的脸，他整个人给人一种厚实的感觉，许多粤籍男人会使人觉得“单薄”，希望方导演的“厚实”也是他日后电影上的成就。）

——原载1994年香港《浸会学院校刊》

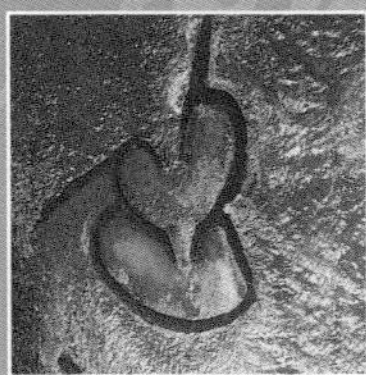

| 第二辑 |

低眉处

值得欢喜赞叹的《欢喜赞叹》

能摆脱无知的“感性批评”以及无趣的“学院批评”，而进入此番新的协调，对创作者和欣赏者而言，都该是一桩值得欢喜赞叹的事。

做学生的时候，读到前人评谢灵运的句子，曰：

“谢五言诗如初发芙蓉，自然可爱。”

竟觉这样漂亮的句子简直比谢诗本身还要动人啊，后来又读词话，见王国维拿温飞卿自己的句子“画屏金鹧鸪”来形容其人自己的风格，同样的办法他也用来形容韦庄和冯延巳（取这两人的句子各为“弦上黄莺语”及“和泪试严妆”），初读之下，觉得简直不可思议，却也认为很好，不以为有什么不对的地方。

及至接触西洋文学批评，不免惊为天外美物，如此条析缕陈，真是中规中矩，毫厘必较。少年心性不免一见倾心，一时之间，人也变得沉重起来，仿佛一句“中国没有文学批评”是冲着我讲的。

当时在报章杂志渐渐注意到学院式的批评，逐日取代了感性的评述，所谓感性评述，大约只须记住二十个左右的成语，便无往不利。论山水则曰“叹为观止”，论美食则是“腴而不腻”，论文学不外“清新感人”，论声乐家则“收放自如”“余音绕梁”，至于“气韵生动”“力透纸背”则是论书画必祭之咒语。——在那时代所有的评述，少有不从一个模子里拓出来的，不同的只是像香烟或槟榔摊贩，谁先占了位子谁卖，至于货色全同，倒也没有人来过问。

而所谓学院人士，则不外搬弄另一套术语。那套术语比较高深莫测，常见的是英文，必要的时候也须加拉丁文及希腊文。而且必须五步一批注，十步一原文（所谓原，当然不可以指中文原文啰）。在那种时代走火入魔的批评家，不免以文章遭人看懂为耻，整个说来，那时代的评论家仍是摊贩，不同的是此摊卖的是洋烟洋酒了。

前几年——大约前五六年吧，有个对艺评很有兴趣的老外，在“留台”一阵子之余，曾经发出自认为“石破天惊”之论，他先认为台北没有艺评，因而艺术很难进步，他甚至举林怀民为例，曰，此人全台北艺术家几乎都是他的朋友，叫他到哪里去接受严苛的批评呢？没有严苛的批评，他又何由进步呢？

言之凿凿，使我不免静下来想想这种问题。

要说中国没有西方意义的批评，其实也不算错。正如胡适认为中国缺乏希腊定义的“哲学”一般。

批评之为事，多少和商业社会的发展有些关系，亚里士多德之所以写出《诗学》一书，成为西方批评的鼻祖，是因为在他之前三大戏剧家的作品都完成了，他乐得跟在后面批评。而三大戏剧家是在发售门票（如有穷人买不起票，另有辅助办法），且有“最佳剧本桂冠奖”之下产生的。人必须付了钱买了票才能说话，此理甚明。否则像刘十九接到白居易的诗笺“晚来天欲雪，能饮一杯无”万万不能想到批评一事（假如你在杂志上读到不满意的诗，也许会骂几句，因为你有权认为诗太坏，对不起买杂志的钱）。又如朋友送你一幅画，言明是供你“补壁”（贴糊破墙壁）用，更谦虚的则说他的诗集供你“覆瓿”（拆成一张张去封坛子口），这种时候，你又有什么资格去批评人家？至于钟子期听伯牙弹琴，一文未花，只不过站在窗外偷听——后来妙玉听黛玉弹琴也是用此办法——这种听法只合喃喃自语：“这是高山”“这是流水”，或凭第六感，知道弹琴人必有不祥。至于谈批评，则于理不合，人家既非专业弹琴手，又没叫你来听，批评纯粹成了多事，至于寒山子写诗，也无非在隐居的岩穴里涂了满墙，后人集而成帙。但对他自己而言写诗全是顽童行径，后人如何能置喙评之。

中国虽也有“批”字“评”字，但在艺术上批字会让人想到

蒋勋水墨　梅花品格

"批水浒"，"评"字则让人想到"评话小说"，一向缺少剑拔弩张居高临下的气势。对于把艺术看作"余事"的文人而言，很难进行专业的要求和精确的批评，只因将艺术看作"余事"也自有优点，连带的也就不必认为缺乏西方定义的批评有什么不好了。

中国人当然也讨论诗，那不叫批评，叫诗话（词话曲话也同此意义）。讨论画的叫《历代名画记》（张彦远）、《图画见闻志》（郭若虚）、《画继》（邓椿）或《画禅室随笔》（董其昌）。讨论音乐戏剧的则名为《录鬼簿》（钟嗣成）或《顾曲麈谭》（吴梅），整个文学美术音乐，从来不曾因为缺乏西方意义的批评而呆滞不进步，相反的，这些随笔或手拿拂尘随便聊天式的著作，也很正常的辅佐了中国艺术的前进。

近年来，由于本土文化的自觉，批评文学渐自牵强而一面倒的西方系统回归。其中如康来新教授之论小说戏剧，以及蒋勋教授之论美术，皆在反映接受西方模式之后，返回到诗话系统的雍容和熙，而且坚持把削铁如泥的批评利剑，嵌镶拭擦成华美的舞器，剑之为器不一定用来割切杀伤，大可于点劈收放之间，以智慧决疑辨惑，并且一比一划一招一式，无不自成绝代风华。

近读蒋勋《欢喜赞叹》，击节之余很想为他的一番"艺话"说几句话：能摆脱无知的"感性批评"以及无趣的"学院批评"，而进入此番新的协调，对创作者和欣赏者而言，都该是一桩值得欢喜赞叹的事。

作者的“历史系出身”对他的艺术观影响也极为显然，以中国这样一个充满历史感的民族而言，不谙历史，几乎可以算为“半个文盲”，蒋勋的“历史感”使他的美学体系有一种“行到水穷处”的溯流而上的探奥幽趣，以及在“坐看云起时”的安静中始能有见的玄冥天机。

以范畴言，此书包括一般艺术理论（《托尔斯泰说：将来的艺术……》）、建筑林园（《藏须弥于芥子》）、舞蹈（《云门的新舞台》《我舞影零乱》）、戏剧（《人偶与人》《有什么东西被阉割了》《再创剧运的高潮》）、京剧（《问樵》）、摄影（《认识我们的土地与人民》）、雕塑（《欢喜赞叹》《雕塑之种种》《人群与群众》）、绘画（《把台湾画进中国的山水》《悲愁又美丽》）、电影（《看中国早期电影》）、音乐（《天长路远魂若飞》）等，如果要以庞杂形容，亦无不可。事实上这部《欢喜赞叹》如能配合去年出版的《美的沉思》来看，是更为理想的，对于作者思想的纵深和走向亦可以更加脉络分明。

以《藏须弥于芥子》一文看来（题目本身出于佛经喻语，已多少可以看出本土化批评的色彩），作者旨在讨论苏州造园的精神，但在资料上，他先从纽约大都会博物馆仿造苏州园林的盛事开始，继而又先谈中国建筑——他认为园林是建筑物延伸出来的弹性空间，而为了谈建筑，他又谈了儒家思想中的位与分。最后，他终于使读者同意中国建筑的规格尺度来自儒家理念，而其林园的逸兴遄飞则来自道家思想。不可信的是，峰回路转，文章最后却在令人惊愕的观察中结束。下面所选录的片段也许可以把该篇起伏跌宕的美感传递方式再加呈现：

简陋到一间两间的民房，繁复到皇帝的三宫六院，我们如果不被外在附加的装饰部分所干扰，大概可以发现，这其中共同遵守的准则，那就是：清楚的中轴线，对称的秩序，是一个简单的基本空间单元，在量上做无限的扩大与延续的关系。它所强调的，不是每一个个别的单元的差异与变化，而是同样一个个别单元在建筑组群中的关系位置，在这里，与其说它所强调的是单幢建筑物个别建筑体的特色，不如说它强调的更是组群间的秩序。

这一类的建筑，任何人走进去，都会知道自己的位置在哪里，它的好处是给人一种安全感，个人退回到族群中，有整个族群为后盾，减少了个人面对命运的彷徨与孤独之感，它用严格的秩序来规范个人的行为，使个人没有任意表现的可能。

我们看到，在这样的建筑中，个人感觉到安全、秩序、稳定的重心，明朗而不可改变的关系，但是，个人的个性也同时受到牺牲，个人的特性被抑压了，在严格的秩序中，便感到了一种处处被安排与被决定的苦闷，有时会想要破坏一下这秩序，从这秩序逃开。

中国人从儒家的人伦秩序中逃开，为自己构造了另一个世界，便是道家的自然。

这样使我们惊愕，完全背反了日常理念的规矩，一击劈碎了我们习以为常一成不变的思维逻辑，便是刘敦桢所说“小大空间转换的对比手法”的来源所在，也是中国古典诗、山水画等文人艺术，包括戏剧、建筑的时空内在最根本的美学凭据。

我们若要在园林中找儒家的中轴线，均衡、对称、秩序，便要完全迷失了。园林，犹如道家的哲学，把人从严谨的人伦秩序中解放了出来，让每一个个人——而不是族群——单独地面对自然，得到一种舒放。使得儒家在伦理中被抑压的部分在自然中得到发展。

在儒家的世界中，我们总要找一个定位，把自己安放得宜，在园林中，体现的却不再是人间的秩序，而是天道的幽深。

以上引述原文，目的无非让读者看到作者邃密的体例，以及解释现象的功力，以及在专业知识之上的民族感情。

另外，《欢喜赞叹》一篇中分析佛像雕刻之美的片段，也可作极优秀的散文来看待。

我去日本的时候，每次也一定去上野那间博物馆徘徊，在进门大厅的右边，一间宽敞的室内，陈列着北魏到唐、不同地区的几尊佛雕。我特别喜欢一件无头的菩萨，是天龙山的作品，一脚趺跏，自在而安适，虽然没有了头部，却在那从容的坐姿上显现着凛然不可侵犯的人的尊严与气度。

我常常一坐好几小时，面对着那些破残的身躯，仿佛是重逢了久违的亲人，便相向对坐着，那离别时候，各自的辛酸与寂寞，都不堪言说，便只是静静流下的无言的泪水罢。

被砍断的佛手看来丰厚饱满，许多学生去做素描，用西方光影处理的方法传达它的体积与量感，但是，与原作比较，可以发现，那厚实饱满的手，处处透露着线的优美与纤细，如兰叶葳蕤，四面生姿。我们绕它一圈，这只手竟像一朵盛开的莲，在姿态上为了面面俱到，不惜改变手的写实性，使线条在手指部位做了夸张；一方面是手指自然弯曲的弧线，另一方面，被夸张的指尖部位，向指甲反方向开辟了另一弧线，使这只手如花一般有了一种“绽放”的姿态。花开到极限，那姿态的妖娇蜿蜒、妩媚互应，常常是一种自足的圆，的确是面面俱到，这只唐代的佛手便以这样的美在我们面前绽放。

记述云门舞集在南部客家人世居的美浓镇演出过程所采用的手

法却又几乎是小说的——当然也许更像“古乐府”，像从“日出东南隅”开始拉开的质朴而又壮阔落实的叙事序幕，作者也是从一个剥豆妇人的眼里看整个演出事件：

美浓，这个仅有五万八千人口的市镇，被茶顶、月光、大武几个秀丽的山丘环抱着，以它的纯朴、勤劳，客家人保守的生活传统为人所乐道。

蜿蜒而过的美浓、荖浓两条溪流，灌溉出一片青翠的稻秧和烟叶。时时有鹭鸶飞过，仿佛刻意用它干净无瑕疵的白羽，指引你看这四周耀眼的青绿。

镇里旧街上的人家，门户上多半挂着竹篾编的门帘，滚了蓝布边，中间画着红艳的花叶图案。

穿着旧式滚宽边唐衫的客家妇女，掀开竹帘，往外探头看了看。明亮的南台湾四月阳光，使她微微瞇了眼。

但是，她还是走到院中来了。

隔着短土墙，看到几个邻家的妇人和孩子站在街上，热烈地谈论着。墙上告示牌贴了大张红纸，几个龙飞凤舞的字写着：云门舞集，四月十八日，美浓国中演出。售票处：上海饲料行。

快到四月十八日了，这一向平静的市镇，有着一点不同于往日的兴奋和骚动。

“云门舞集”，这妇人回到屋中的时候想：“云门舞集究竟是什么呢？”

唐人韦庄的词有句谓“四月十七，正是去年今日”，就因为那样沉重平白的纪实，竟让千余年前的四月十七至今不朽。而蒋勋所记下的某一年美浓镇上的四月十八，也应垂为一帧永恒的画面吧。

蒋勋的艺术评述另有一可贵处，一般而言，艺术总离不了艺术家，艺术家是人，艺术评诠者也是人，人和人之间难免有友谊上的压力，但蒋勋的评论方式，比较对“事”不对“人”。讨论的是共同的大现象，而不重在个体的成败，例如论席德进的画，重点便在如何赋新山水以新意义，以及如何假新技巧以传新山水。讨论所及的范围，远拉到五代以来的画家和画论，其堂庑之大，感慨之深，自非常人可及。能免于“友式捧场”和“敌式攻击”之外，且能同时一点一滴，建立起中国美学理论，应是蒋式艺术批评的成功处，下面引述的资料便是在论席德进绘画成就时以“事理”为轴的例证：

范宽的《溪山行旅》是一张杰作，画的是陕西关中一带的山，从华北平原上突兀而起，大气磅基，用的是雨点皴，土质干硬，空气干燥清朗。这是北宋山水画的特质，当时画家活动的主要地区是华北平原。

北宋到南宋，北方的领土失于金，政治中心南移，画家也大多迁到长江以南。面对新的山川，旧的技法不适用了，懒惰的人，还用画华北平原大山的老套来画江南风景，自然难以动人，逐渐就被淘汰。认真的画家、创造力强的画家，面对新的挑战，努力去观察自然，从真实的风景中归纳出新的构图，新的皴法、新的画风慢慢产生了。

江南是多河流的地区，北宋的立轴画大山很好，写长河不一定合适，于是，长卷、横幅的形式多起来了，使人宛然有乘舟顺流而下的感受，视觉上，转高耸为平阔。河流代替了山峦，成为山水画的主题，或者，至少与山峦平分天下。

地理环境的变迁，对于中国山水画的改变，有这样重大的影响，以后我研究明末的渐江，也着重在他的画风与安徽黄山的石质结构的关系，屡试不爽。

在法国的时候，有一次看到南宋马远画的十二幅册页的复制品，全部画的是水，大概是给学生讲解的画稿，画了十二条河流波纹的特性。我看了很感动，我想：作为第一代在南方建立家园的画家，马远需要加倍的功夫，才能为这一片绘画上的新山川造形吧！一条河，由于土壤的质地、坡度的陡斜，都可能影响水质的清浊、流速的缓急，它所产生的波纹也是不同的。画家一条河一条河去观察，不断地试验，最后把质地的清浊、流速的缓急，归纳成一根准确的线条，他从“格物”开始，建立了他丰富而辽阔的山川世界。我看着这一套册页，真心对这样的画家产生无尽的敬意。然而，我也担心着，我想，不知道马远的学生，拿到这样的画稿，会不会懒惰起来，不再去看真的河流，不再认真的观察和解析自然，只是依样画葫芦的画下去，使得一根原来具有概括性的丰富线条，最后空留形式，只是一根无意义的符号罢了。

我更担心的是，会不会有人，几百年后，从江南到了台湾，仍然用这根线条来画浊水溪，画淡水河，使我们的山水世界没有更新、没有开拓，使台湾——中国绘画上的新山川，永远进入不了中国的历史。

由于《欢喜赞叹》是一本值得“欢喜赞叹”的书，故为之欢喜赞叹如上。

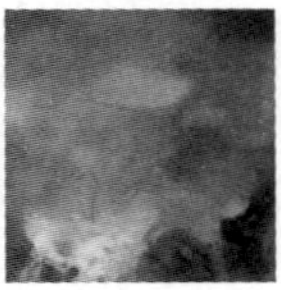

中国的眼波

今天呢？今天有谁肯从杂沓的尘世抽身而出，并且坐下来，为这一代的孩子传述那些故事，那些属于全民族的共同记忆，那盈盈欲滴的中国眼波。

一个民族是怎么长大的？是因为经书而来的智慧吗？是因为史书而来的启迪吗？当然不能说不是，但什么是一个幼小的男孩或女孩童蒙时代听到的第一章课程，什么是一个人成为白髯的老爷爷或佝偻的老奶奶之后最乐于向孙儿传递的讯息——那是故事。

我们来看中国故事就是来看中国。

经书上可以画中国的眉目——故事里却能窥见中国的眼波。

史书可以记中国的筋脉——故事里却可探得中国的体温。

经书中也许记载了中国的呼吸系统——故事里却触手可及中国的鼻息微温。

史书里长于展示中国长长的脚印——故事里却容你拔足去追踪

刚刚还在耳旁的足音。

林语堂博士，由于特殊的家庭背景，可以把英文学得跟母语一样好。但他成年之后读到林林总总的中国故事，忍不住勃然而怒，他认为作为一个中国人而不曾知道中国故事，是一种残忍的剥夺，他为此气愤不已——他的气愤固然极有道理，但一个人，只要他开始听开始看中国故事，总不嫌太晚。林语堂自己不就是一个好例子吗？他和中国故事虽然“相见恨晚”，但两情相契相识之深，也足以补上他早期的遗憾了。

今天呢？今天有谁肯从杂沓的尘世抽身而出，并且坐下来，为这一代的孩子传述那些故事，那些属于全民族的共同记忆，那盈盈欲滴的中国眼波。

——本文为《蟋蟀勇士》之序

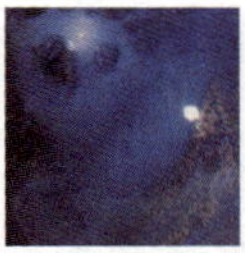

以人为铃记

离开师承，离开少年英发的自己，

有的时候可以是更深的回归——虽然其间有大冒险。

我下课晚了，她在教室的走廊上等我。我们一齐到教员休息室去，休息室外是操场，操场尽处是溪水，至于山，则在水的那一边和这一边错迭着。

中文系研三的女孩，一身云白色的衣裳，黑发婉转依肩，问她最近如何？她说正在写一篇有关唐人传奇中人物性格的论文，手里却又拿着第一本小说的校样，面对这样的女孩是会令人对时空恍惚的。她是从洛阳古城繁花似锦的春天走出来的吗？她所穿的是一尘不染的齐纨吗？这样好的秋天，这样好的校园，这样好的三年前小说课上教过的学生，这样好的第一本小说集，我竟答应为她写一篇序了。

曼娟，这样的名字和一段怎么的史迹系在一起呢？对我而言，她曾是学生名册上一个等待评分的未知，曾是大专小说竞赛中名列第一的熠闪荣耀的代号，她因此获得一笔在大多数人看来都颇为可观的财富（六万元），而她居然一口气又把它捐掉了。这之后，是读研究所，是陆续的读和写——以上，算是既往的史料，这些都不重要，重要的是她的未来史。每个作者的每一本书都只该是大漠行脚，每一枚慎重的留模，都是把自己全人作为印章来作的钤记，但是你要寻找那脚印的主人，她却正行在千里之外了。

谢谢曼娟一直让我分享她的光荣，如果容我苛求的话，则我会希望在她的渊仁之外，在她雅赡邃密之外，在她纵横流溢的才情之外再加一份霸气。

离开师承，离开少年英发的自己，有的时候可以是更深的回归——虽然其间有大冒险。

我与曼娟，虽有师生之名，也不过是曾将一得之愚与她分享罢了，而此刻说话的我已只是一个读者了。而你，任何在书肆里由于某种机缘而买了这本书的人，虽然身为读者，但如果你不惜将一己之见诚恳地告诉她，则你岂不也是她的一字师、一句师或一见师吗？

曼娟不是一个只想听赞美的人（虽然她值得），故敢为出言如上。

——本文为1985年10月出版《海水正蓝》之序

低眉处

古今艺匠描摹人间世，其中杰出的大约也只是别具只眼，而小小一本《飞行台湾》是低眉慈目的凝视，是一个全新的视域，是古人从来不能采用的心情。

有些人，我都不知道他们是怎么活下来的。例如：那在山里租间小屋制陶壶的，对着远海日日试烧结晶釉的，辞掉信托公司的工作在家刻小木头盒子的，以及背着照相机一路走着走着去摄取山川人物的魂魄的。

梁正居就是那个把物象的魂魄摄来背在背上的人。

这类人在展览会上我是见过的，那时候我知道他们会簇拥在易凋的鲜花和易散的群众间。那时候整个社会不但让他们说一点话，而且鼓励别人也为他们说一点好话。然后展期结束，一切恢复“常温”。

我所知道的梁正居便是在散场之后必须回去埔里帮岳父饲鱼的摄影家。

01 梁正居　关渡

02 梁正居　烧田

03 梁正居　潟湖

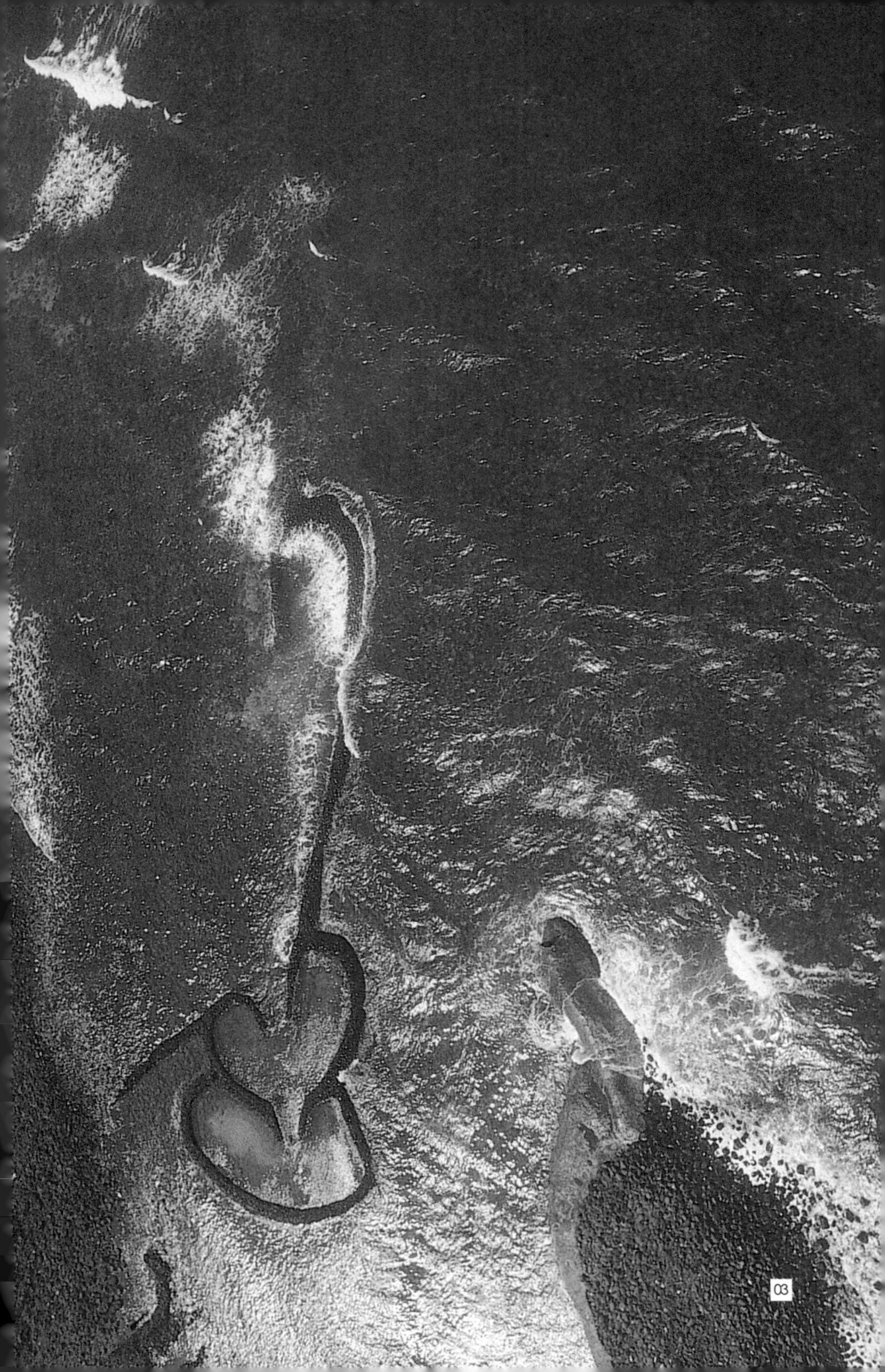
03

1985年夏天，我曾邀他为我所执教的学校，前往四湖乡做一次“随军记者”。八月暑天，他欣然应命和做医疗服务的学生一起住在庙里，住在民家。我本来邀他是一心想为学生的活动留下点纪录，事到临头我才顾虑到对摄影家而言，这样过两个礼拜未免太辛苦。和二十岁的学生相比，多出的这一倍年龄当然是累赘，不料他到了乡下居然像鱼之归渊、虎之归山，远比年轻的孩子更不知累。

有一次吃完饭在农家的牛棚边聊天，提到“职业病”，他立刻说：

“我们摄影的也有职业病。”

“那是什么？”

“关节痛——因为走路太多。”

我以后想起这人的时候，总不免要想到他那兀自拦在中间偏偏要作痛作梗的关节。

又有一次聊天，聊到小时候，竟然发现大约有一年时间，我们是邻居，住在抚顺街附近同一个村子里。我一方面啧啧称奇，觉得不可思议——一方面却又觉得毫不奇怪，事情本来就该如此的。我忽然知道自己喜欢他的那些摄影作品时，其实也就是在喜欢我们这个自幼一起生长的土地，喜欢那个叫双连的小火车站，喜欢节庆时的野台戏，喜欢台北大桥上和台北大桥下那个熙来攘往纷乱无比却也静定无比的岁月。

最近，他把着手已久的《飞行台湾》拿给我看，虽然早知道他一直在进行这件事，真看到作品的时候还是微微震惊。

“这些东西，怎么拍的？”

“包小飞机拍的。”

“飞多少公尺？”为了掩饰内心的感动，我挑个平静的问题来问。

“三百公尺吧！顶多不超过五百公尺，有一次飞得太低，还差点碰到高压线——好险。”

其实三百公尺，他不说我也知道，所有的景物全在他低眉垂睫的依依凝视下。看得出来他不想走远，他只想稍稍站开，空出一点点可以观察的距离，用了解和拥抱的手势俯身去揽景入怀。

在低低的天空，他看到渔人围起“潟池”抓鱼。他看到曾文水库和乌山头水库如浅盏里半透明的微绿的薄荷冻。而麟洛乡的客家人，聚落的屋脊拥拥挤挤中自有同承欢乐同担忧戚的亲密。甚至一方收割后烧过的稻田看来也如一幅织锦挂毡，有一种可触可感的柔度和厚度。

拍《台湾行脚》的梁正居，当时也许像行脚僧（只不过把“一钵千家饮，孤身万里游”改成“一机千家景，孤身万里游”），但拍《飞行台湾》的梁正居则是祥云之上的仙童，低眉处有好奇的惊呼，有跃动的凡心，有慈悲的俯察（他拍污染的海岸，如拍一块痈烂的伤口），有去而复回、往而复顾的眷恋。

古今艺匠描摹人间世，其中杰出的大约也只是别具只眼，怀素用的应是醉眼，八大石涛的是泪眼吗？渐江的是冷眼吧？张大千呢？恐是钟情的青眼，而小小一本《飞行台湾》是低眉慈目的凝视，是一个全新的视域，是古人从来不能采用的心情。

昔人志摩有句谓：

“最是那一低头的温柔——”

原句虽是形容女子，但此时此地用以形容梁正居乘小飞机俯身拍摄《飞行台湾》的姿势上，倒也完全合适——由于喜欢摄影家这种无锋无芒、不凌厉不嚣张的对土地的温煦情感，故为序言如上。

——本文为梁正居《飞行台湾》之序

错误——中国故事常见的开端

那些小小的差误，那些无心的过失，都有如偏离大道以后的岔路。岔路亦自有其可观的风景，“曲径”似乎反而理直气壮的可以“通幽”。

在中国，错误不见得是一件坏事，诗人愁予有首诗，题目就叫《错误》，末段那句“我达达的马蹄是美丽的错误”，四十年来像一枝名笛，不知被多少嘴唇呜然吹响。

《三国志》里记载周瑜雅擅音律，即使酒后也仍然轻易可以辨出乐工的错误。当时民间有首歌谣唱道：“曲有误，周郎顾”，后世诗人多事，故意翻写了两句：“欲使周郎顾，时时误拂弦”，真是无限机趣，描述弹琴的女孩贪看周郎的眉目，故意多弹错几个音，害他频频回首，风流俊赏的周郎哪里料到自己竟中了弹琴素手甜蜜的机关。

在中国，故事里的错误也仿佛是那弹琴女子在略施巧计，是善意而美丽的——想想如果不错它几个音，又焉能赚得你的回眸呢？错误，对中国故事而言有时几乎成为必须了。如果你看到《花田错》《风筝误》或《误入桃源》这样的戏目不要觉得古怪，如果不错它一错，哪来的故事呢！

有位德国戏剧家布莱希特写过一出《高加索灰阑记》，不但取了中国故事做蓝本，学了中国京剧表演方式，到最后，连那判案的法官也十分中国化了。他故意把两起案子误判，反而救了双方婚姻，真是彻底中式的误打误撞，而自成佳境。

身为一个中国读者或观众，虽然不免训练有素，但在说书人的梨花简嗒然一声敲响或书页已尽正准备掩卷叹息的时候，不免悠悠想起，咦？怎么又来了，怎么一切的情节，都分明从一点点小错误开始？

我们先来说《红楼梦》吧，女娲炼石补天，偏偏炼了三万六千五百零一块。本来三万六千五百是个完整的数目，非常精准正确，可以刚刚补好残天。女娲既是神明，她心里其实是雪亮的，但她存心要让一向正确的自己错它一次，要把一向精明的手段错它一点。“正确”，只应是对工作的要求，“错误”，才是她乐于留给自己的一道难题，她要看看那块多余的石头，究竟会怎么样往返人世，出入虚实，并且历经情劫。

就是这一点点的谬错，于是大荒山无稽崖青埂峰下，便有了一块顽石，而由于有了这块顽石，又牵出了日后的通灵宝玉。

整一部《红楼梦》，原来恰恰只是数学上三万六千五百分之一的差误而滑移出来的轨迹，并且逐步演化出一串荒唐幽渺的情节。世上的错误往往不美丽，而美丽的又每每不错误，唯独运气好碰上“美丽的错误”才可以生发出歌哭交感的故事。

《水浒传》楔子里的铸错则和希腊神话“潘多拉的盒子”有些类似，都是禁不住好奇，去窥探人类不该追究的奥秘。

但相较之下，洪太尉“揭封”又比潘多拉“开盒子”复杂得多。他走完了三清堂的右廊尽头，发现了一座奇特神秘的建筑：门缝上交叉贴着十几道封纸，上面高悬着“伏魔之殿”四个字，据说从唐朝以来八九代天师每一代都亲自再贴一层封及，锁孔里还灌了铜汁。洪太尉禁不住引诱，竟打烂了锁，撕了封条，踢倒大门，撞进去掘起石碣，搬走石龟，最后又扛起一丈见方的大青石板，这才看到下面原来是万丈深渊。刹那间，黑烟上腾，散成金光，激射而出。仅此一念之差，他放走了三十二座天罡星和七十二座地煞星，合共一百零八个魔王……

《水浒传》里一百零八个好汉便是这样来的。

那一番莽撞，不意冥冥中竟也暗合天道，早在天师的掐指计算中——中国故事至终总会在混乱无秩里找到秩序。这一百零八个好汉毕竟曾使荒凉的年代有一腔热血，给邪曲的世道一付直心肠。中国的历史当然不该少了尧舜孔孟，但如果不是洪太尉伏魔殿那一搅和，我们就要失掉夜奔的林冲或醉打出山门的鲁智深，想来那也是怪可惜的呢！洪太尉的胡闹恰似顽童推倒供桌，把袅袅烟雾中的时鲜瓜果散落一地，遂令天界的清供化成人间童子的零食。两相比照，我倒宁可看到洪太尉触犯天机，因为没有错误就没有故事——而没有故事的人生可怎么忍受呢?

一部《镜花缘》又是怎么样的来由？说来也是因为百花仙子犯了一点小小的行政上的错误，因此便有了众位花仙贬人凡尘的情节。犯了错，并且以长长的一生去截补，这其实也正是大部分的人间故事吧!

也许由于是农业社会，我们的故事里充满了对四时以及对风霜雨露的时序的尊重。《西游记》里的那条老龙王为了跟人打赌，故意把下雨的时间延后两小时，把雨量减少三寸零八点，其结果竟是惨遭斩头。不过，龙王是男性，追究起责任来动用的是刑法，未免无情。说起来女性仙子的命运好多了，中国仙界的女权向来相当高涨，除了王母娘娘是仙界的铁娘子以外，众女仙也各司要职。像“百花仙子”，担任的便是最美丽的任务。后来因为访友下棋未归，下达命令的系统弄乱了，众花在雪夜奉人间女皇帝之命提前齐放。这一番“美丽的错误”引致一种中国仙界颇为流行的惩罚方式——贬入凡尘。这种做了人的仙即所谓“谪仙”（李白就曾被人怀疑是这种身份）。好在她们的刑罚与龙王大不相同，否则如果也杀砍百花之头，一片红紫狼藉，岂不伤心！百花既入凡尘，一个个身世当然不同，她们佻达美丽，不苟流俗，各自跨步走向属于她们自己的那一番人世历程。

这一段美丽的错误和美丽的罚法都好得令人艳羡称奇！

从比较文学的观点看来，有人以为中国故事里往往缺少叛逆英雄。像宙斯，那样弑父自立的神明，像阿西娜，必须拿斧头砍开父亲脑袋自己才跳得出来的女神，在中国是不作兴有的。就算捣蛋精的哪吒太子，一旦与父亲冲突，也万不敢“叛逆”，他只能“剔骨剜肉”以还父母罢了。中国的故事总是从一件小小的错误开端，诸如多炼了一块石头，失手打了一件琉璃盏，太早揭开罐子上有法力的封口（关公因此早产，并且终生有一张胎儿似的红脸）。不是叛逆，是可以谅解的小过小犯，是失手，是大意，是一时兴起或一时失察。“叛逆”太强烈，那不是中国方式。中国故事只有“错”，而“错”这个字既是“错误”之错也是“交错”之错，交错不是什么严重的事，只是两人或两事交互的作用——在人与人的盘根错节间就算是错也不怎么样。像百花之仙，待历经尘劫回来，依旧是仙，仍旧冰清玉洁馥馥郁郁，仍然像掌理军机令一样准确的依时开花。就算在受刑期间，那也是一场美丽的受罚，她们是人间女儿，兰心蕙质，生当大唐盛世，个个“纵其才而横其艳”，直令千古以下，回首乍望的我忍不住意飞神驰。

年轻，有许多好处，其中最足以傲视人者莫过于“有本钱去错”。年轻人犯错，你总得担待他三分——

有一次，我给学生订了作业，要他们每人念几十首诗，录在录音带上缴来。有的学生念得极好，有的又念又唱，极为精彩，有的却有口无心。苏东坡的“一年好景君须记，正是橙黄橘绿时”，不知怎么回事，有好几个学生念成“一年好景须君记”，我听了，一面摇头莞尔，一面觉得也罢，苏东坡大约也不会太生气。本来的句子是“请你要记得这些好景致”，现在变成了“好景致得要你这种人来记”，这种错法反而更见朋友之间相知相重之情了。好景年年有，但是，得要有好人物来记才行呀！你，就是那可以去记住天地岁华美好面的我的朋友啊！

有时候念错的诗也自有天机却泄，也自有密码可索，只要你有一颗肯接纳的心。

在中国，那些小小的差误，那些无心的过失，都有如偏离大道以后的岔路。岔路亦自有其可观的风景，“曲径”似乎反而理直气壮的可以“通幽”。错有错着，生命和人世在其严厉的大制约和惨烈的大叛逆之外也何妨采中国式的小差错小谬误或小小的不精确。让岔路可以是另一条大路的起点，容错误是中国式故事里急转直下的美丽情节。

——原载1989年12月22日《人间副刊》

评语

大凡得首奖的作品都有其庄严都丽的“夫人相”，
殊少妖娆之风情，幽深孤峭之趣致——其实那又有什么重要呢？

作评审，从来都不是快乐的事，特别是散文评审，因为每一篇散文都是一段真实的人生。说到人生，你又怎有办法去评审高下？下面这段文字是为散文三位获奖者所写的评语。过了四年，拿出来看看，觉得仍然是刚掏出来的肺腑之言，故一并收入书中。

——1990年春、补记

一

经过反复的辩议，票开出来了，《黄昏菩提》险胜，及至知道作者是林清玄，大家不禁惊奇。

“咦，怎么又是他？”

事后评审委员承认，如果预先知道作者的名字，我们很可能会避免“再”给他第一，以免别人说我们不公平——好在没有，否则在我们避免不公之际，岂不落入另一种不公。

使评审委员感动的应是作者对城市的那一份不亢不卑的认真的感情。城市其实只是城市，只是不得不然而形成的生活方式，不值得追逐也不值得抱怨，作者的好处在于不仅是细腻的，也是壮硕的，不仅能悲悯，也有其温柔的疾呼，有指责有包容——当然如果你一定要找出缺点它也是有的，大凡得首奖的作品都有其庄严都丽的“夫人相”，殊少妖娆之风情，幽深孤峭之趣致——其实那又有什么重要呢?

二

马叔礼《梅伯伯的祭文》是要写一篇祭文吗？不是，它要写的是梅伯伯的一生一世。它真的只写梅伯伯的一生一世吗？不是的，梅妈妈显然比梅伯伯更重要，她出入生活，有如京剧舞台上耍开来的刀马旦，一身力气和武艺，却又婉转情长，谦抑如同灶下婢。作者真的是想写这么一位女子吗？也不是，他要写的是这由于山河大变故而产生的充满“奇男子”“奇女子”的时代。我们由于肉眼凡胎，不曾从这些人身上看到美丽的风光，作者指给我们看了。

吴敬梓在《儒林外史》中形容画荷之好，说“有如把荷花摘下来贴在纸上”，好画当然不仅如此而已，大约是无辞可说，只得这样来比。我看《梅伯伯的祭文》亦觉语言措辞简直是作者提着录音机跟在身后记录下来的——当然这也是不得已形容方法吧！

三

不知为什么，许多设立文学奖的单位常常会说出“鼓励”两字，鼓励虽也是好词，但不免有一种长辈对晚辈的提拔之意，我理想中的设奖和评审态度却是“承认”“鼓掌”和“喝彩”的意思，孔子用“可畏”来形容对年轻一代的敬意，十分传神。

余佩珊的《拥抱》是一个温暖的手势，用虚实相映的方式写一个1997前港民的心情，文字或有生糙处，情感却如高手临敌，引人入逼仄之巷，使之无反击之余地。

——本文为文学奖之评语

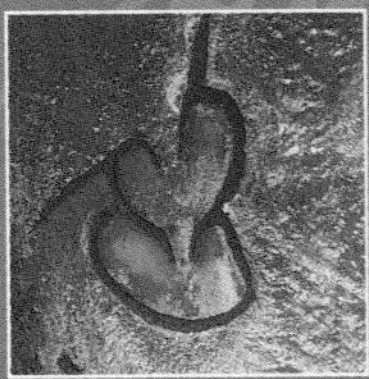

| 第三辑 |

有　愿

也算拦舆告状

对于这栋老神社我们最大的德政就是“不做什么”，
总之，只要“不”做什么，则这栋房子还能好端端的过一阵子。

亲爱的徐县长大人——本来想叫一声青天大老爷的，不过想想，封建意识太重，还是称大人好（大人者，不失其赤子之心，是个好头衔）。

可叵这一招，是从歌仔戏京剧上学来的，古时小民，每有奇冤，总是跪在路旁，瞅准县太爷的车舆经过，便大叫一声冤枉，然后连哭带诉陈述一番，问题便迎刃而解。如今已是民主时代，可叵却因读书不多，每遇急事简直不知找谁解决才好，想跟我的教授同事请教，不幸他们又全是些“有学无术”的家伙，不足成事。不得已，只好“遵古炮制”，来个“拦舆告状”。可惜的是大人没有古代的舆，现代的汽车太快，可叵不敢拦，只好乘大人看报的时候，来个“拦报告状”，但愿大人不嫌小人碍事，细听小人申诉冤情：

按小人原居住台北，素无前科，生平只有一奇癖，即每到一城，总喜央人带我去看房子，小人所以看房子，并非想投资房地产，只是想知道那地方有没有好建筑，天可怜见，我这小小的愿心走南撞北都不成问题，唯独回到本“文化上国”就颇感困难。十年前，一把火烧了中华路理教公所（日本时代建，木造，依唐制），小人栖栖遑遑不知到哪里去看好房子，八年前又宰了一幢林安泰古厝，令人思之吐血。贵县忠烈祠麻雀虽小，神采不凡，是小人栈恋不舍的，近闻亦要铲除另建，不禁悲从中来，为此屋大叫一声“冤枉啊！大人”！下面谈述四大冤屈如下，敬请明察，小人不敢欺心，句句有本，就算说错了，亦劳大人一一指正：

第一，据云凡日本倭寇建筑，不宜入我人民之法眼！亟宜拆除。哎呀！小人劝大人千万别开此例，否则从现在起，总统府要拆，台北宾馆要拆，连台湾大学都得拆掉一大半呢！依小人之见生鱼片是可吃的，月桂冠清酒是可喝的，“拖哟他”汽车是可开的，甚至连日本老婆也是可以娶的！咱们有志气，怕他小小日本作甚？天主教教皇统治罗马，虽然盖了圣彼得大教堂，圣约翰教堂……却也不去拆“万神庙”，反拿它来做教堂。张良虽恨秦始皇，也只想用大椎去敲死他，而绝不建议汉高祖拆毁长城。近代洋人更绝，他们发明一种中子弹，只杀人，不毁房子，打完仗可以把满城建筑接收过来，真聪明！

第二，据云此屋经过裁定因不满一百年，所以是“非古迹”，所以可拆，此事亦大大冤枉。盖天下之房子亦与天下之人有一奇怪的相似之处，即“年高者未必德劭”“德劭者未必年高”。判定一个房子仅凭年龄是不公平的，大人不信，试随小人走遍台湾，如能在现存“纯木造”房子里找到一间比这栋当年的日本神社更漂亮完整的，可叵的可字便由大人倒过来写。东方木造房子不似西方石造房子长命，能活到现在已是“古稀老屋”。百岁老屋算“屋瑞”，尊它一点也无妨，但“古稀老屋”如果没犯罪，倒也没有什么格杀的理由，如果县府“拆屋预算”已经拨出，小人建议大人改派拆屋队去拆违章建筑比较有道理。

第三，据小人一些“颇怀小人之心的朋友”揣测，大人因从前竞选期间许下“重建忠烈祠”的诺言，所以必须在竞选连任之前开工破土。依小人之见，桃园忠烈祠如要改建不如干脆另起炉灶，不必孤零零的吊在虎头山，如今佛教寺庙每每设在大厦楼下，未尝不可做参考。如请这些忠魂到市区来享受香火，应该没有什么不好，而且管理方便，不会弄出郑成功塑像的胡子被人拔掉一边留一边的怪事。而且小人又以为忠烈祠内只住几块小小木牌位，未免太可惜，小人一向住在寸土寸金的台北市，不免小气成性，故建议不如把忠烈祠改设在市区，并且把它和青年阅览室合在一起，除了春祭秋祭之日闭门祭拜以外，平常开放让年轻人读书。这样做，年轻人一面读书一面崇仰先烈典型，而烈士亡魂也可以看看后世子孙是否长进，岂不两便。

第四，据小人另一批“亦怀小人之心的朋友”猜测，大人求好心切，不免希望有所建树。自古以来政界人物不免都梦想能填完满满一本功德本子。其实此事真冤哉枉也，为政之道亦如佛家劝世之言，先要“诸恶莫做”，其次才“诸善奉行”。柳宗元形容地方官忽然想到春天来了，该去督促老百姓耕作，于是下乡劝农，老百姓奉茶奉水奉酒奉肉，还得伺候从人和牲畜，忙得人仰马翻，县太爷回府，不免告诉夫人“今日下乡劝农，甚累”。乡下老农也回了家，并且告诉老婆“今日伺候县太爷劝农，甚累，所以没耕田”。可叵真希望能有一位县太爷敢说：“今天没去劝农，以便让农人有空自己去耕田，农人不累，我也不累。”

世人虽有人因立大业建奇勋而成名，却也有人因悬崖勒马没做什么而福世。对于这栋老神社我们最大的德政就是“不做什么”：不拆毁，不去留字，不拔走铜马，不故意破坏，不在柱子上草草率率用油漆写对联，不粉刷，玻璃破了，照原样补块平光玻璃便罢，不必好意换成现代的十字纹的玻璃。总之，只要“不”做什么，则这栋房子还能好端端的过一阵子。

01

01 02 桃园神社（王镇华教授提供）

02

试想一百年后，徐大人可小人俱不在了，那时这房子还健在，人人提起，岂不都要加一句美辞："这是在徐县长任内救下的……"

到时候，建筑系的教授带着学生，指指点点说：

"桃园境内的这栋神社是日本时代建的，至少一百多年了，这种木造房子只剩这一栋最完整了，看看桧木这种建材，到现在还是如此沉稳扎实，再看看这施工，可以发现日本人是不可轻视的，要小心这个民族，他们办起事来太认真……"

到了那一天，可叵是小人，容易志得意满，想必虽然身在地下，也不免要翻个身大吼一声：

"徐县长大人，你都听见了吗？我说的有理吧！你看，这房子留下来，是有点道理的呢！"

冤情陈毕，请容小人退下。

——原载1985年5月23日《人间副刊》

如果你错了和如果我错了

桃园地灵人杰、山川钟秀，要再找块地盖忠烈祠有何难哉？
放过这小小一栋神社吧！毕竟它一木一石都是桃园孕育出来的呀！

最近，有一件好事。我们居然可以看见“老百姓”和“政府”吵架了。当然，如果要说得文雅一点，那就是老百姓和政府“剧烈的沟通”了。举例言之，前有核能四厂案，后如桃园神社要拆不拆案。

如果桃园县政府错了，一栋历史的教材，一间最后的仿唐桧木建筑就从此消失了，永劫不复。

但如果老百姓错了——这错误倒是很容易改正的，一旦证明此屋的存在不合理，则“挖掘机”一推，管你什么“东沐”“西净”，什么“山门”“正殿”“拜殿”统统在两天之内推个清洁溜溜，蛛丝不存。

用这种客观冷静的分析来看，就算“不拆派”错了，其错也不难弥补，希望桃园地方贤达能出来说两句公道话，最近有人入山调查，据推断，此屋很可能取材自桃园台北交界处的赫威山中的神木群。（从中部林场取材运输较烦难），桃园地灵人杰、山川钟秀，要再找块地盖忠烈祠有何难哉？放过这小小一栋神社吧！毕竟它一木一石都是桃园孕育出来的呀！

附：桃园老一辈的都知道，神社中原来有一钟，声音清越，后来不知怎么不见了。后经建筑师打听，原来被管理员放入仓库了，为什么放入仓库呢？据说因为孔庙祭孔没钟，所以来借，还回来后便暂放仓库。既然连孔老夫子也借过“日寇”的钟来用，我们就别小里小气说人家是日本人，所以要去拆人家的房子吧！

——原载1985年6月1日《人间副刊》

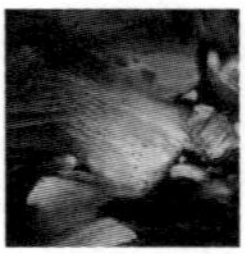

局长，请听我说一个观念

因为有感于人生岁月的短促易逝，因为有感于生而为人且生为中国人的难得因缘，因为感激别人对我的接纳和厚爱，我只能“全力以赴”。

局长：这封信指名写给您，其实是不公平的。第一，可能这件事您并不知道。第二，新闻局，在像我这种老百姓绝搞不清楚的许多许多“局”里，实在算是一个“好局”。不过，话也说回来，正因为您不知道，所以应该让您知道一下。再说，因为贵局是好局，我才相信值得和您谈谈。

事情是这样的：去年此时，我答应新闻局的邀约，赴国父纪念馆演讲，我所以答应此事，是因为认为该次主题“推行书香社会”是值得赞助的。

不意到了演讲前不久，联系人的电话来了，问我有没有演讲稿，我说没有，我演讲向来只有大纲没有全稿。我认为写好一份稿子上台去念是很奇怪的事，学术论文也许可以宣读，政治文告也许应该有据，但那不是我的方式。

对方听说没有现成的讲稿，便退而求其次说：

“那么我们帮你做成纪录，你修改一下，好吗？”

“干什么？”

“因为听演讲的人总是少数，太可惜，我们想印成一本书。”

“咦？可是你们请我演讲的时候并没有提这件事。不行，演讲是演讲，文章是文章，拜托，请跟你们处长说一下，这件事别人如何，我不知道，但我自己是不能答应的。”

以后又陆续打了几次电话，对方的意思我很明白，因为翻来覆去只有一句话：

“演讲一次，只让这么少人听到，太可惜！所以要印书！”

但我的意思他们懂不懂？（如果懂，接纳不接纳？）就不得而知了。因为我坚持的是一个观念，而这个观念不是一句话说得完的，所以必须说一连串的话，一串话当然不及一句话容易听懂，好在这些话现在记忆犹新，我一条条陈述如下，请局长看看有没有道理：

第一，从法理上言，我只答应二小时的演讲，而不曾答应“卖断”一切和这篇讲稿有关的权益。这件事情并不复杂，应该是可以了解的。

第二，从媒体上讲，演讲是透过语言和语言的情感声调以及演讲者本人的身体、眼神以及讲者和听者在同一时空下以亲和密切的感应而完成的沟通，必要的时候还可以辅以黑板、投影机、幻灯、电影、实物等来使话说得更清楚动人——而这一切，一旦转为文字媒体，在我想来简直精华全失，点金成铁。我相信新闻局至少要比别人更懂得“媒体”这件事。把演讲和出书弄成一道“一鱼两吃”是显然不得体的。其荒谬性一如把精彩的“电视剧”录下音来，送到电台去叫他们当“广播剧”来播。

至于局方所说“讲演听的人太少了，可惜”也不成理由。一个单位不办演讲则已，要办，就该有一个认识：演讲这件事，本来就是“小众传播”，而不是“大众传播”，五百人一堂，绝不是缺点，反而正是优点，正像舞台剧，像教学，像教堂或庙宇中的宏道说法，从来就不是以量取胜的场合。新闻局如果痛惜这场演讲只让五百人听到，唯一正确的做法便是再去办几场演讲——而不是把一场活泼生动的演讲变成愣头愣脑的文字。

记得当时我还怕自己一人的想法太特立独行，于是打电话问余光中教授，余先生也认为不可，他说：

“绝不可能的，我在时间分配上，有一大半用来朗诵诗歌，我用国语念我自己的诗，再用四川话、广东话和台语念古诗，而且吟，此外还用英文和西班牙文朗诵诗——要变成文字，不可能的。”

我再打电话问楚戈先生，他也说：

“不行，我的演讲是用幻灯片连贯的，这，怎么变成文稿？”

我想想觉得这两个人一个重声，一个重形，应该再打电话问问李亦园教授才公平，他也连说不可。我于是有了充分的自信，知道自己的想法并非异端邪说，我当然可继续打电话给这书香系列的演讲人（大约十人左右），但想想我的本意又不在纠集群众造反，只想求证一下，何必多事。

局长，以上的说法正是一年前我跟局方说的话，后来，奇迹似的他们居然说：

“好吧，你放心，印书这件事，我们暂时不做了。”

我于是真的放心了，而且想，新闻局到底比较容易通气，虽然并非一点就通，但七点八点以后毕竟也通了，心中暗自喝彩。不料时隔一年的今天早晨，我收到局里寄来的限时信，打开来赫然是一篇演讲稿的纪录，并且附信一封，其中有如下文字：

该稿样系以计算机排版，又因刊印在即，时间无多，如作大幅更改，似有困难，拟请就该稿样文字稍作小部分修正与润饰，藉存演讲原貌，并惠于十一月二十日掷还。

口气虽然极客气，重点却只在限期（我是十一日才收到的）和限改，没有一字商量演讲人的同意，这是怎么回事？

局长，在国内，不重视版权的事绝不新鲜，但身为新闻局，总该有别吧？记得许多年前我因有事到局里去，有位官员为了表示亲善竟拿出一本书来说：

“啊，这是你的作品，我们印了很多送人，你看过这本没有？”

拿过来一看，那本粗陋的小册子里是我的两篇文章（《我们不是值得尊敬的吗？》《黑纱》）再看日期，是“1979年2月印赠”。我沉吟不语，那位官员还算敏感，忽然惭愧地笑了，说：

“哎呀，不得了，如果连你都不知道，简直是盗印版，现在当面抓到了！”

我当时笑笑，说：

“算了！”

我为什么说算了？并非我生性宽宏，而是看到对方确实“面有愧色”，不尊重版权这种“没出息的事”，即使政府，在未进步到某种程度前恐所难免，只要知错下次不犯，应该还是“好机构”。

局长，1979年2月做错的事，1986年不要再做好吗？局长，要谈复兴中华文化，可不可以从小至“尊重一个文化人的版权”开始呢？

局长，如果新闻局是一个大文化单位，我，张晓风，也是一个小文化单位。你们的单位要发展出一种怎么样的“单位风格”，我不知道，但请听我这个“一人单位”的“单位风格”。因为有感于人生岁月的短促易逝，因为有感于生而为人且生为中国人的难得因缘，因为感激别人对我的接纳和厚爱，我只能“全力以赴”。在这个原则下，我要求凡和我的名字有关的文字，都有其一定的水平，都无辱于我们五千年来的“精致文化”，如果“麦当劳”的每个肉饼都有一定的分量，一个文人名下的作品却没有质量保证，我认为是一种自我亵渎。

所以，局长，根据我的“单位风格”，我若答应您演讲，我自会好好准备，全力冲刺，让听众在会场中每一秒钟都不浪费，都感受到生命的光热和美好。如果我答应另一个人写稿，我也会终宵不寐，字斟句酌。如果我力有所不逮，别人自然仍可感到我的诚恳认真与一丝不苟。我如今根据我的“单位风格”，要求您允许我有权利不答应一篇演讲变成的“文字”刊出，因为对我而言，它不是“精致文化”，不符于我这个单位的品管原则。

相信这件事在你们的“单位风格”里，也是办得通的吧？

进“雅言”不难，听“雅言”的“雅量”为难，我因对新闻局的雅量一向有信心，所以愿意陈述如上。

p.s.：局长，听说这本书要印出来去“分发”，我也反对。我们多年宣传做得不好，有一部分原因就是因为“免费赠送”。一切作品，如果有价值，都应纳入正常的商业运作，“白送的午餐”总难免让人怀疑它卫生可口的程度。在复兴基地上不缺买书的钱，缺的是编好书的观念，新闻局如果真有心，就应该把“印刷费”拿出来，资助有心的出版社，让他们聘请合格的作者，好好“写”一部书来“卖”，而不是“记录”一部书来“送”。

——原载1985年11月18日《人间副刊》

冠礼

我已成年，此去要昂首面对生命中最强烈的痛苦和挑战
此去要俯首感谢信任前路的鲜花和祝福

我已成年
有够宽的双肩可以承担
有够柔和的心可以接纳和付出

我已成年
七千次的朝阳引燃我理想的点
七千番的月色示我以最美丽的歌哭

我已成年
此去要昂首面对生命中最强烈的痛苦和挑战

此去要俯首感谢信任前路的鲜花和祝福

后记：1987年台中西南区扶轮社借台中市立文化中心试为二十岁之青年举办古代加冠礼，以期能给予他们成熟人的自信和责任感，透过简春安教授索诗一首，我认为此事能融传统入现代，是有心人的善举，乃欣然应命如上。

游园惊梦

如果准许我有秘密的誓愿，愿台北是个爱生的城市……
愿那一双双来自荒原的野性的眼睛仍然和我们下一代的孩童的梦一起成长。

学校的交通车正行到高架桥上近圆山的一段，我机警的赶快侧过头去看它。它，那只长颈鹿，它在对街的山头上，我们相距也许有一二千公尺吧？它的颈子优美地伸向高处，像一个指着天空的箭头标示。

车子转了弯，我收回依依的目光，交通车继续往士林方向走，我定下心来，准备去上课——多奇异的相逢，一个人，一头鹿，在都市高架桥的急速车行中遥望。

猛然想起，我这半生好像都在这条路上。小时候，住抚顺街，读中山小学。后来读书教书在外双溪和石牌，中山北路来来回回的每天经过，算来已等于绕了地球几周了。

可是，为什么，为什么每次经过动物园，仍不免怦然心动?

记得第一次走入圆山动物园的感觉，记得那些横走纵跃的猴子，记得那对一个孩子而言巨大无比的象栏，记得孔雀开屏时颤抖的以百眼为扇，急速的倾力猛搧，一阵阵急切而焦伤的求偶讯息……

从被父母牵着去玩，到自己会去逛，到和情人，到带孩子去，一座园竟是一个人的半生啊!

有一天，大概是1951年吧，父亲从动物园回来，大笑，说："这事真奇怪呀! 园里有只驴子，我走近一看，牌子上介绍了一大堆，最后还说'鸣声悦耳'，驴子叫怎么能叫成鸣声悦耳? "

那大概是动物园的草莽期吧，才会错得如此离谱。而三十多年后的今天，动物园杂志上有着一篇篇学术性的研究报告，像《谈猕猴的理毛行为》，或《柑橘凤蝶的人工饲料》。时代不同了，有些事情在进步，我自己也成了动物园搬家的宣传员。然而我不自主的会怀念那个圆山桥下河水流碧的日子，有人垂钓，有人散步，那时候没有专家，却也没有"连专家也解决不了的问题"，小学的校歌神气活现的唱着：

"圆山虎啸，剑潭水清……山川钟秀，人杰地灵……"

我今天对着浑如毒汤的基隆河还敢唱"地灵"吗?

关园的前一天，我去看林旺。对我而言，它不仅是一只硕大的最受欢迎的动物而已，也是一篇岔开去的悲剧情节。据说它来自泰北丛林，曾和我们的孤军一起生活，后来带到台湾来，放在步兵学校（大概由于步校是校区最大的学校吧）。父亲当时在步校做教育长，我们假日里便跟着父亲去看大象，外加看一颗红豆树。大象后来转赠了动物园，没想到那曾在丛林中和战士共生死的，曾在军营里惯听号角悲吟的，今天却站在众孩童惊奇的注目中迟缓而无奈的老去。

发愿会不会是一件遭人耻笑的迂腐行为？如果准许我有秘密的誓愿，愿台北是个爱生的城市，愿动物仍然和人类一起欣欣向荣，在十亿年前，也在今天，在蛮荒、在农村、在都市、在圆山、在木栅。愿那一双双来自荒原的野性的眼睛仍然和我们下一代的孩童的梦一起成长。

——原载1986年9月14日《人间副刊》

有愿

人能有愿，如花之有蕊，烛之有焰，
大地之有轴序，该是件极幸运的事。

暮春四月的晚上沿着逐渐复活的爱河走来，一泓八角形的清澈池水，恍惚如有所待，而在这透明无所隐藏的池水前，我们要说出自己无所隐藏的心愿。

人能有愿，如花之有蕊，烛之有焰，大地之有轴序，该是件极幸运的事。

说起许愿，我不由自主地想起童话故事里那对贫苦的夫妻。有一个难熬的冬夜，天使出现了，并且特准他们许三个愿。饿昏了的丈夫立刻大声说：

“我希望有盘大大的香肠！”

肥满的香肠来了。做妻子的生了气，一个本来可以“成为无限”的愿望，此刻降格成为一盘不值钱的香肠，她恨恨地叫起来：

“香肠，哼，我希望这大串香肠全长到你的鼻子上去才好！”

天使是法力无边的，妻子一句话尾音未落，香肠早已牢牢地在丈夫鼻子上生了根。

两人相对愕然，一霎间，他们竟只剩下最后一个愿望了。世上虽有万千美梦可供祈求，但现在他们已没有权利去选择了——和我们一样，他们曾经因无知浪费了自己，一些无谓的追逐、固执和敌意造成一重重伤害。而现在，如果还有愿可许，我们——这些生活在这块土地上，曾一度热衷于经济开发，而付上太大代价的一代，选择力的愚蠢一如那对贫苦夫妻的一代——此刻也只能像那妻子虔诚俯首，说：

“愿一切恢复原状。”

是啊，如果我有愿，也只是愿一切如初：愿鸢飞，愿鱼跃，愿肺叶能呼吸一口干净空气，愿人和人之间祥和无争。让一切失去的重新回来，让生命遂成其为生命应有的尊严。

下面的文字是我近年来的私愿，陈扬就此谱曲，齐豫用干净明亮的声音唱了它，听来是一种强式的深情，我很喜欢，由于也喜欢高雄市“愿池”构想，我要在献池典礼中轻轻念一遍我的私愿：

凡有翅的让他能飞

凡有鳍的让他能游

凡有脚的让他行走

凡有气息的让他呼吸

凡有生命的让他自由

——原载1987年4月2日《联合副刊》

河飞记

原来只要人好，情好，自有好话出口；
水尽鹅飞固然传神，水净河飞也另有风采。

很好的五月天，我到香港去演讲，诗人知道了，叫我到他任教的中文大学去吃饭，中文大学的地势是“据山为王”的。如果走路当然很辛苦，但如坐在别人开的车子里上上下下攀爬自如倒也有趣，何况车子里还坐满了此地“盛产”的作家。

“这广东话，有时候倒也有现代诗的作风。”诗人说。

我听人论广东话不免立刻肃然起敬，这玩意对我而言太高深了。

“有一句话叫‘水净河飞’……”他接着说。

“咦，河怎么会飞呢？”我毕竟是写散文的，不懂这句怪话。

“不是河飞不飞，是这样的啦，”梁锡华是老广，立刻摆出权威姿态，“譬如说，你今天到了中文大学，原来预期会有番盛况的，谁知人影也不见一个，这时候你可以说：‘咦，真是水净河飞啊！’”

我立刻牢牢记住了这个成语，甚至不免因此还觉得有几分神气，毕竟粤籍以外的人懂这句话的也不多哩。

事隔数年，我有一天为了一篇论文来翻关汉卿的望江亭杂剧。元杂剧的语言向来生鲜活辣，我自己午夜披卷都有时忍不住咯咯笑出声来，那天读到第二折，有一句：

你休等得我恩断意绝，眉南面北，恁时节水尽鹅飞。

我正暗暗叹好，却猛然一惊，咦？这句话好熟，原来老广的那句话不是“水净河飞”，而是“水尽鹅飞”。鹅变了河，就这样一路误传下来了。

这一高兴，干脆一不做二不休，想再找找其他杂剧里有没有类似的用语，这一找居然大有斩获，又得四条例证如下：

我则为空负了雨云期，却离了沧波会，这一场抵多少水尽鹅飞（《柳毅传书》，楔子）

可不道一部笙歌出入随，抵多少水尽也鹅飞（《杀狗劝夫》

二折）

我则道地北天南，锦营花阵，偎红倚翠，今日个水净鹅飞（《云窗梦》四折）

怕不到瓜甜蜜就，少不得水净鹅飞（《雍熙乐府（四）·点绛唇》）

这一来，几乎可以说是证据确凿了。元杂剧的语言是以大都（今北京）为依准，这语言七八百年后怎么和老广相通的，倒也出奇。

记得家父有一次问我：

“我们徐州乡下过年，有些喜庆游行，里面有个节目，我们乡下人叫它‘月饼和尚镀了翠’，大家都那么说，但说的是什么，你怎么也猜不到。”

“我知道，”我笑起来，“这一点难不倒我，那是‘月明和尚渡柳翠’给念走了音。”

想来不知有多少语言多少故事在江南江北流行，就算念走了音，错误中竟也仍然不失其美丽。有一次听一位佛教大师说，佛经多有误译处，但从误译的地方却也自己发展出一番教义来，真是令人称羡。

原来只要人好，情好，自有好话出口；水尽鹅飞固然传神，水净河飞也另有风彩。月明和尚也罢，月饼和尚也罢，在游行的队伍里，他都要除去高僧的岸然道貌，变成可亲的嘻笑的大头笑面，要去引渡一个凡世的姑娘。

中国太大，但大而同舌也就够好了，尽管传舌有误，却有白纸黑字的文字可以为凭。和百舌各说各话最后竟不免要拿英文来沟通的印度相比，真是幸运。这样想想居然忽地兴高采烈起来了——虽然平时一提起中国这大题目，总几乎要眼湿的。

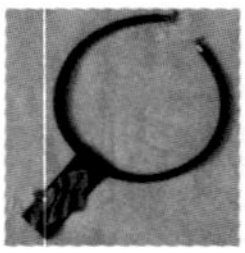

写于《和氏璧》演出之前

这个世界又历经越南、两伊和许多围绕在我们身边的浩劫，
而舞台恒在，像一面冰凉的古铜镜，在一顾一盼间反映着人世。

在中国，玉，并不意味着一块宝石。

正如兰，不代表一束鲜花。

亦如剑，不强调是一种武器。

玉，以它的温润坚致象征君子之德。兰，以它的高逸芬芳表记君子之风。而剑，剑是意气的纵横，侠情的鹰扬。所以玉不必以“卡”计数而自有其高价，兰不必以金钱标价而自有其可慕，剑，自矜其吹发可断的锋利却不以杀人为能事。

“和氏璧”是自古以来一个属于中国人的玉的故事，所谓玉，是石之美者，而所谓美，是不能以“卡”来计数的，它只是当下直断的情境。“和氏璧”要说的便是玉的真实存在，以及因为“有玉”而产生的“宣布玉的人”，以及那人所渴望的其他“接受玉的讯息的人”。

这故事，原是不善言词的韩非子写的，他写的时候，心中亦有其郁郁孤愤吧？任何时代，假玉总比真玉行销，但在所有的失望和希望的尽头，那块真玉仍在那里，小而至于可以做一个女子的指环，大而至于可以做诸侯的信符。如果你做皇帝，它可以是玉玺，如果你死，它则是玉蝉，是死者含在口中象征复活的愿望。

很少有东西可以像玉一样可以持之以生，持之以死的——它简直有点像“真理”啊！

我因而把“和氏璧”写成戏剧，那是1985年的事，写成之后，立刻连夜送去给李曼瑰老师看。是因为年轻？是因为性急？还是因为恃宠而骄？做起事来竟敢那样蛮不讲理，然而李老师却当真连夜为我看了，第二天还给了我电话，诚心的向我道贺……学贯中西的老师当然知道那不是一部成熟的剧本，只是因为一份对后辈的偏心，使她到处向人说，那是一个好剧本……然而，我为什么忽然提起十一年前的旧事？只因老师翌年便死于肠癌，匆匆竟是十个寒暑过去了。

《和氏璧》初次在香港演出是1986年，当时好友恩佩曾帮过不少忙，而恩佩也已故去。生命如果是一场战争，我们便是那不知自己的背囊里究竟拥有多少箭镞的兵卒，只能奋力以搏——反正，回头去数自己背后箭袋的容量是件不可能的事。

《和氏璧》定于今年初秋在大会堂重演，十年前看过此戏的年轻人此刻已为人父母了吧？十年前的孩子，此刻也该成长为观众了，这个世界又历经越南、两伊和许多围绕在我们身边的浩劫，而舞台恒在，像一面冰凉的古铜镜，在一顾一盼间反映着人世。

——1985年·长洲旅次

老师，这样，可以吗？

我能说的只是，老师啊，我仍在活着、走着、看着、想着、惑着、求着、爱着，以及给着——老师啊！这样，可以吗？

醒过来的时候只见月色正不可思议的亮着。

这是中爪哇的一个古城，名叫日惹，四境多是蠢蠢欲爆的火山，那一天，因为是月圆，所以城郊有一场舞剧表演，远远近近用黑色火岩垒成的古神殿都在月下成了舞台布景，舞姿在夭矫游走之际，别有一种刚猛和深情。歌声则曼永而凄婉欲绝（不知和那不安的时时欲爆的山石，以及不安的刻刻欲震的大地是否有关）。看完表演回旅舍，疲累之余，倒在床上便睡着了。

梦里，我遇见李曼瑰老师。

她还是十年前的老样子，奇怪的是，我在梦中立刻想到她已谢世多年。当时，便在心中暗笑起来：“老师啊，你真是老顽皮一个哩！人都明明死了，却偷偷溜回来人世玩。好吧，我且不说破你，你好好玩玩吧！”

梦中的老师依然是七十岁，依然兴致冲冲，依然有女子的柔和与男子的刚烈炽旺，也依然是台山人那份一往不知回顾的执拗。

我在梦中望着她，既没有乍逢亲故的悲恸，也没有梦见死者的惧怖，只以近乎宠爱的心情看着她。觉得她像一个小女孩，因为眷恋人世，便一径跑了回来，生死之间，她竟能因爱而持有度牒。

然后，老师消失了，我在异乡泪枕上醒来。搬了张椅子，独坐在院子里，流量惊人的月光令人在沉浮之际不知如何自持。我怔怔然坐着，心中千丝万绪轻轻互牵，不是痛，只是怅惘，只觉温温的泪与冷冷的月有意无意的互映。

是因为方才月下那场舞剧吗？是那上百的人在舞台上串演其悲欢离合而引起的悸动吗？是因为“拉玛耶那”戏中原始神话的惊怖悲怆吗？为甚么今夜我梦见她呢？

想起初识李老师时，她极力鼓励我写一出戏。记得多次在冬天的夜晚，我到她办公的小楼上把我最初的构想告诉她，而她又如何为我一一解惑。

而今晚她来，是要和我说什么呢？是兴奋的要与我讨论来自古印度的拉玛耶那舞剧呢？还是要责问我十年来有何可以呈之于人的成就呢？赤道地带的月色不意如此清清如水，我有一点点悲伤了，不是为老师，而是为自己。所谓一生是多么长而又多么短啊，所谓人世，可做的是如许之多而又如许之少啊！而我，这个被爱过，被期待过，被呵宠过，且被诋毁过的我，如今魂梦中能否无愧于一个我曾称她为老师的人呢？

月在天，风在树，山在远方沸腾其溶浆，老师的音容犹在梦沿凄趄。此际但觉悲喜横胸，生死无隔。我能说的只是，老师啊，我仍在活着、走着、看着、想着、惑着、求着、爱着，以及给着——老师啊！这样，可以吗？

——1988 · 夏 · 印尼旅次

1989 · 冬订

后记：《画》是我的第一个剧本，因为觉得练习成分太多，便没有正式收入剧集里，近日蒙友人江伟改写为粤语演出，特记此梦付之。李曼瑰老师是当年鼓励（说确实一点是勉强）我写剧的人，今已作古十年，此文怀师之余，兼以自勉，希望自己是个“有以与人”的人。

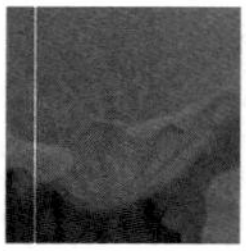

安全的冒险——谈鬼戏

真的看到鬼是很可怕的事，但在剧院里聆听鬼的唱腔，细昧鬼的孤愤或深情，揣摩鬼的动作和语言，却是安全的冒险。

如果我们走入剧院，我们想看什么呢？看爱情？或爱情的背叛？看友谊？或友谊的考验？看风云际会？或人去楼空？或昔日的麻雀今为凤凰？或曾经的兰芷化为此际之萧艾？……但不管看什么，我们其实想看的是“人”。

不过，如果我们爱看的是人，那么孙悟空是一只猴子，猪八戒是猪，白素贞是蛇，我们居然也爱看。如果进入卡通世界，那就更是动物、植物、矿物、器物，无物不可为主角。而且，连鬼物也是自有其戏份的。这样看来，鬼或万物，都是人世的延长虚线，都广义的纳入“收万象于一镜”的舞台。

莎剧《哈姆雷特》的诡谲变化，其实是从午夜城墙冤魂现身开始的。不幸的国王遭人淫其妻而夺其命，但这亡魂却鼓其最后一丝力气，要把是非讲给远方归来的儿子听。

福寿全归的幸福死者，好像都放弃了他们的发言权，安安静静地去长眠了。诚如我们在西洋小说里常看见的，提到死者，总要加一句“愿上帝安息他的灵魂”。至于那些昼伏夜出，汲汲惶惶，欲有所求欲有所索的鬼魂，大抵都是冤不曾伸，志不得偿，情未能圆或憾未能平的不幸之人。他们的人生戏份在现实社会里已经盖棺论定演完了，但舞台却给了他们另一个空间，让没能说的话说了，没能做的事做了，没能完成的情节完成了。

在人世间也许再没有另一个民族像华人如此善待鬼魂了。每一年，我们要为亡魂签一个月的入境许可，并且招待吃喝，外加用焚烧的方式提供消费券任他们花用。兴致来时，甚至也为他们演戏，更周到的还为他们提供豪宅和电视机。

在华人的舞台上，鬼也一向是耀眼的角色。美艳的如《牡丹亭》里的杜丽娘，那奇诡的行路步式几乎是来无踪去无影。捉王魁的桂英则是如此绝决凛然（绝不像政治人物的大老婆虚虚假假地代夫遮掩），死也饶不了那负心的夫君。《伐子都》的颖考叔则用附身的方式向凶手索回一命——这戏已经具备心理分析戏的高度了。

张爱玲在《流言集》里也曾谈过一个鬼戏《乌盆记》。某个外出人，遭人作了，并且烧成灰，和泥作成了一个瓦盆，然后被人买去作便盆。可是就算落到这一步，这鬼还是死赖着要为自己伸冤。张爱玲不免为老外担心，觉得这种丑角等级的鬼，西方人怎能把它跟希腊悲剧比照呢？不过，谁管它什么老外怎么想，在现实社会里活得像便盆一样的人难道还少了吗？

《钟馗嫁妹》一戏也许是鬼戏中最受欢迎的了，喜欢热闹的观众可以在戏中看到一堆大小鬼卒，满满一舞台，有大头鬼，小头鬼，必要时还可以来个会吐火的鬼，真是族繁不及备载。跟政治有点瓜葛的观众不免为钟馗而悲，故事中他是因其貌寝陋而不被录用的考生，羞愤之余撞死殿阶，死后又很悲哀很讽刺的蒙皇帝赐绿袍而葬。有了这么一件寿衣他好像又忽然有了尊严，成了黑道大哥（鬼国才是真正的黑道吧？）专管小鬼，遇到特别不乖的小鬼，他就咔嚓咔嚓吃了它，这个为官场不收的无容貌又缺背景的男人，会触动某些人的伤悲吧？而女性观众也许更爱的是钟馗那一点点私心，虽然已是幽明两隔，虽然自己已是冥府之人，但当大哥哥的还是想照料一下幼小的妹子，想为她安排一门好亲事，并为她办一场风风光光的婚礼。大红喜轿在台上走过，热闹的队伍吹吹打打，娇艳婉媚的新娘和粗陋憨拙的大哥形成有趣的对比，这妹妹如果不能拥有一场完美的婚礼记忆，老哥是死也不甘心的啊！嫁了妹子他才好去安心做他的大鬼啊！这种不以人鬼相隔的兄妹深情，绝不是西方剧情中动不动就上演兄妹不伦戏所能了解的。

真的看到鬼是很可怕的事，但在剧院里聆听鬼的唱腔，细味鬼的孤愤或深情，揣摩鬼的动作和语言，却是安全的冒险。其功能有点像现实生活中请人来清洗水塔，不洗，好像也不怎么脏，洗了，才知道原来长期沉淀，我们的底层早有一层积垢待清。亚里士多德说的“惧怖”“悲悯”，如果要加以涤尽，还有什么比看鬼戏更好呢？

我喜欢鬼戏、妖戏，因为它们是更为艳魅惊悚的人戏。坐在舒服的剧场里看鬼族辛苦扮演人生种切，是我心灵旅程中安全的冒险。

炎方的救赎——读汤显祖《牡丹亭》

自从在梦中遇见那温柔的男子，杜丽娘忽然意识到自己生命里有所欠缺有所不足，而在遥远的炎方，却有郁勃蓊茂的生命正等待与她相遇。

凭依造化三分福

绍接诗书一脉香

——《牡丹亭》第二出言怀

一、两组数字

1564–1616

1550–1616

上面这两组数字对你而言有什么意义呢？

前一组是英国剧作家莎士比亚的生卒年份，后一组是明朝汤显祖的。前者世人皆知，后者则可能连国人也不晓。

二、他们的坐标

“从前，很久很久以前，有一个国王……”

童话，常常是没头没脑的，闹不清是哪朝哪代的故事。而汤显祖的《牡丹亭》却正经八百的有其时空坐标。而且，几乎还附上男女主角DNA血统书。

故事的时代坐落在南宋，地点在江西省的南安（现在叫大庾）太守第。这汤显祖有一点点自私，这么美丽的故事情节，他舍不得让它发生在别的地方，便让它发生在自己的故乡。不同的是汤显祖是临川人，临川属于江西北部，南安属于江西南部，这两个地方的距离大约有一个台湾那么长。至于女主角杜丽娘，她的父系祖先是杜甫，母亲则是甄后的后代。至于男主角呢，是柳宗元的后裔。男主角另有一位姓韩的朋友，他是韩愈之后。更奇的是当年柳宗元笔下有位郭驼，他是位驼背园丁，他们家族从唐朝驼到宋朝，世代都驼，也都做园丁，且世代在柳家做园丁，柳家去了岭外，郭驼也追随而去。

其实，整部《牡丹亭》里的人物都在“重生”。杜家重生，柳家重生，韩家重生，甄家重生，郭家重生……借着后代，孳衍不息。所以，杜丽娘能重生，好像并不奇特。

大部分读《牡丹亭》的人会被杜丽娘的“死忠”（真的是以死来忠）吓到，忍不住为她的专致钟情而泪下。但我读《牡丹亭》却为另两个字而痴迷，那两个字是：

炎方

这两个字出现在第二出柳梦梅一上场所念的诗句中：

寒儒偏喜住炎方

我对炎方两字痴迷，是因为那两个字是“热带”的意思。而热带，不正是我自小被命运安排，所一直定居的地方吗！

炎方两字并不是汤显祖叫出来的，它早就存在了，在唐诗里，有下面这样的句子：

柳宗元《南中荣橘柚》：“橘柚怀贞质，受命此炎方。”

司空曙《送郑明府贬岭南》：“莫畏炎方久，年年雨露新。”

李绅《红蕉花》：“红蕉花样炎方识，瘴水溪边色最深。”

雍和《郊庙歌辞》：“昭昭丹陆，奕奕炎方。”

贾岛《送人南归》：“炎方饶胜事，此去莫蹉跎。”

贾岛《送人南游》：“蛮国人多富，炎方语不同。”

杜甫《……戏呈元二十曹长》：“衰年旅炎方，生意从此活。”

当然，提到炎方，也有说坏话的，例如：

沈佺期《赦到不得归题江上石》：“炎方谁谓广，地尽觉天低。”

卢纶《逢南中使因寄岭外故人》：“炎方难久客，为尔一沾襟。”

于鹄《送迁客》：“遍问炎方客，无人得白头。”

白居易《夏日与闲禅师林下避暑》：“每因毒暑悲亲故，多在炎方瘴海中。”

李白《古风》：“炎方难远行。”

对唐人而言，虽然广大的帝国版图早已延伸到丰美的南方，但南方仍是瘴疠之乡，它或许是美丽的，却和蛊惑和死亡和脚气病和卑湿……来联想。

然而，南方持续丰美。

长江在流，岷江在流，沅江资江湘水在流，漓江丽江在流，珠江在流、闽江在流……

南方持续丰美。

橘柚溢芬，荔枝传香。鲛人在月下泣珠，东海龙王忽然成了新任的财神，坐拥一切海上的资源。沈万三从家中的后门水巷出发，小船换大船，他便挺进天涯，比陶朱公走得更远，于是有人传说，他拥有聚宝盆。

南方持续丰美，海洋的蓝色暖流为黄河输血，南方持续丰美。

在汤显祖的笔下，杜甫的后代不再隶籍河南，杜丽娘为自己造像时说的是：

“如果我不为自己画一张相，有谁会知道会思念西蜀杜丽娘的美貌呢？”

她和她的父亲把杜甫一度流浪逃难的四川当作了新的故乡。

南方，南方持续丰美。

而柳梦梅，在祖先一度被贬的两广炎方，在记忆中遭诅咒的流放之地，在丰美的果园中他成长了。上场诗中他说：

凭依造化三分福

绍接诗书一脉香

在遥远的南方，在阳光和花香的祝福下，文化被传承，梦想被认可，美丽的故事在酝酿，传说如风雷隐隐成形，神话刚裂地而出，旋即耸然入云。

于是他们各自站在他们的时空坐标，在最混乱的年代，当战争和流血侍立在身边，他们却各自坐落在自己的新故乡。他们没有依傍，有的只是春天里的一株灿如黄金的垂柳，或一树开疯了的梅花，以及一座不知“当今是谁家天下”的又荒凉又华美的园子。如果人间还有什么可依赖的话，恐怕也只像“欲望街车”中田纳西威廉借女主角说的：

“我总要信任陌生人的善意。”

对，到后来爱情成了最终的信仰，杜丽娘和柳梦梅，各自信任梦中初见的陌生情人的真意。

“噢，你也在这里吗？”

这是张爱玲形容乱世爱情的一句凄凉的话。世界纷扰，个人的命运可以由云端落入泥淖。但在某个春天，薄暮，某个身穿月白衫子的美丽女子，站在自家后门口，桃花开了，她手扶桃树。然后，男孩走来，跟他说了那句话。后来，命运将他们分开了，他们一世未曾再见面。但那三分钟，在她的生命里却已成永恒。直到晚年，她总是想起那黄昏，以及那与她惊喜相逢的男子，以及他说的：

“噢，你也在这里吗？”

杜丽娘、柳梦梅，他们交集在同一个时空坐标点上，他们是彼此梦中最美的幻象。

“噢，你也在这里吗？”

于是，他们相爱了。也许相逢，也许不相逢，也许局部相逢，这些都无碍于相爱。当有人爱上了某人，某人甚至不需要有名字，他的名字就叫做“我爱”。

三、然而，她在岭北，他在岭南

自从在梦中遇见那温柔的男子，杜丽娘忽然意识到自己生命里有所欠缺有所不足，而在遥远的炎方，却有郁勃蓊茂的生命正等待与她相遇。于是她渴望被点燃，被浸染，她渴望把自己解体并重组。

而柳梦梅也开始立即收拾行装，他知道自己必须出发，如鲑鱼之洄游。去探索他的原乡。如信徒之朝圣，如考古队走入岩穴，他知道这段旅程非去不可。

在长期焦虑无望的等待之余，杜丽娘因渴望而死去。

柳梦梅却翻山越岭而来，在梅岭，他惊遇岭南的梅和岭北的梅，南梅先开，北梅后放，却同样洁白美丽。石砌的古道，砌成某种图案的属广东，越一步，另种图案，已是江西。跳过江西，就算中原地面了。

岭上天寒，柳梦梅一路行来，便病倒了。

曾经，柳梦梅在岭南，杜丽娘在岭北。然而，此刻，柳梦梅到了岭北，杜丽娘却已仙去。柳梦梅并不知道他失去了什么，他只知道自己莫名的失落。

柳梦梅病倒，这来自炎方的男子多么不惯北地的风霜啊！炎方持续丰美，而柳梦梅在大庾岭上，在梅关，彳亍前行。在这自古以来通南往北的大道，他想着，这里曾走过多少洄溯者的脚步啊！

曾经，六祖惠能走过这条路，他要去的地方是湖北黄梅寺。那时他是多么年少啊，只因家贫，必须养老母，他砍了柴去卖。当他把柴担到旅店送给客人，而后，恭敬的倒退着步子离开，忽然听到奇特的声音，他不知道那是什么，只知道如闻天音。山泉流过漱石，凉风吹过饱含明月的松林，也正是此声。这是什么？是诵经，有人告诉他。然而什么是“经”？五祖弘忍那里有经。五祖弘忍人在哪里？在岭北。要走几天可到？走三十几天。奈何我家有老母。我为你出十两银子安家，你去吧！于是那砍柴少年便一路直奔黄梅而去，成就后来一段大因缘……可是，惠能当年也为此梅花惊艳吗？他也坐此山石，为远方的神秘经书而气血翻涌吗？他会在寒风中思忆柔暖的炎方世界吗？

我，柳梦梅，今告诉亲朋我是为考试而来，经书我自有，然而我果真为科举而来吗？好像不是，我是为生命的奇遇而来，我为发生而来，我为回到先人的脚印而来。六祖惠能曾带着大喜悦、大惊讶攀此山涉此水，并终于带着大彻悟而归。我今越此大庾岭，跨此梅关，走此天堑，我何所求，生命又能何所求……

四、如果你呼叫我，我将跨越冥河而来

杜丽娘的肉体僵冷，静卧在老梅树下。杜丽娘的魂魄悠游，在花径的落英和苍苔间。中原的大地肃穆庄凝，然而它沉沉睡去，如杜丽娘。也许怀着犹温的心，却不再能息视人间。

如果有人能斩开荆棘救回沉睡百年的睡美人公主。如果有人能循着昔日歌声的小径找到中毒的白雪公主，并且将之唤醒。那么，有人能唤回杜丽娘如唤回一整个民族的生命力吗？

炎方，丰美的南国，会是肃穆庄凝的后土的救赎吗？柳梦梅来了，然而柳梦梅感了风寒，曾经是河东（今山西）人士的柳家，如今是岭南人了，岭南人受不了岭北的风雪，至少一时之间受不了。

啊！岭南，曾经是河北人之子的六祖惠能，因为父亲遭贬岭南，而终于被人看成岭南人了。出身河东柳家的柳梦梅，如今也是岭南之人。后世还会有个岭南人孙中山，他们都是一些努力去叫醒别人的人。

救赎，会自南方来吗？英雄，会自炎方来吗？那丰美的南方。当时汤显祖不太了解台湾，他的地理认知到岭南而止。但有一件事他却不知不觉说对了，炎方是救赎，丰美的南方是救赎，救赎的英雄也来自南方，与世界接轨的南方，因一艘船而走天涯的南方。而

南方可以是岭南，可以是香港，可以是台湾。

也许，所有的亲戚都以为柳梦梅是过大庾岭，去赴科举了。然而，唯他自己知道，不是的，他曾承诺于生命的，不止这么少。生命要求于他的，也不止这么小。必有更神圣巨大的任务，那是什么？他也不知道，但他知道如果自己完成了那项任务，便也会附带完成了自己。

“如果你呼叫我，我就为你跨生越死，为你而重履人世，我会褰裳涉水，离开冥河。”

度阡越陌，攀山涉水，过大庾岭，走梅关，柳梦梅终于知道，能去爱一女子，竟是身为男人极伟大的正业。

请你来，来叫醒我，我僵冷，我枯索，请你以你来自炎方的丰饶腴美来润泽我、复苏我。然而，你又必须先爱上我，因为冷冷的呼叫只会令我更冷更灰。只有爱，才是无边的法力，才是超生越死的仙术。所以，真的，你必须先爱上我，凭一幅画，凭画中藏宝图一般的眼波和笑靥的描绘，你必须被钩起我们共同的梦中的记忆，你必须想起我依稀的眉目和呼吸，你必须想起你对我的爱，我才会响应你的呼唤。踏着星光和花香而来。

《牡丹亭》故事极单纯，不过是一个年轻的男孩和女孩生死以之的爱情。然而又极复杂细致，因为“来自炎方”的一切是如此迷人，如神话。

如果你要问我“炎方”两字果真如此令我动容吗？我会说，是的，南方温暖而华美的体质使我着迷，救赎会来自丰美的炎方。但是，如果没有可供救美的杜丽娘，来自炎方的柳梦梅又有什么情节可言呢？

——原刊登于2004年5月4日《人间副刊》

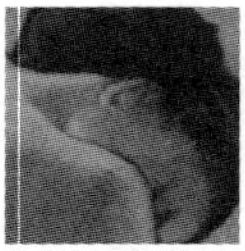

杨贵妃和她的诗

一个编舞的女子，看见一个年轻的舞者，舞者将编舞者的意念如汲泉一般涓涓引出，那舞姿如风，如荷，如垂腰探水的嫩柳……

一、全唐两千两百个诗人中的一个

有一套书，叫“全唐诗”，共收了两千两百个诗人的作品，作品的数目多达四万八千首，装订成二十五册。

我深爱此书，所以买了三套，分别放在家里和研究室里，以便随时翻阅。

不过，奇怪的是，我最爱看的，往往不是大诗人如李白、杜甫的诗，而是些无名诗人的诗，他们虽只有一首诗或一句诗传世，但也往往有其特别的意义。

在这两千多个诗人中，有一位最美丽的诗人，她的名字是杨贵妃。杨贵妃是谁？如果去问一百个人，大概一百个人都会回答说，她是古典美人。其中也许有二十个会形容一下，说，她是丰腴的美人。至于能告诉你她死于马嵬坡的，大概只剩下十个了。

根据鲁迅在《阿Q正传》里说的，中国男人本来都可希圣希贤的，不幸却常败在女人手里。所以，对杨贵妃，传统论述中正确的形容词应该是“祸国殃民的妖孽”。

真是这样吗？

文人雅士企图为她找到一点存在的意义，他们找到的大概是艳丽的容颜，受宠之际的得意，死后仍拥有圣上怀念的那份殊荣……至于那些更有想象力的，就把安禄山的开战原因归罪到三角恋情上去，杨贵妃成了异国姐弟恋的女主角了（其实，她几乎被写成母子恋了）。

可是，对我，一个千年后的女性读者而言，她是一个寂寞的女人。任何女人如果身在宫廷，大概都不能不寂寞吧？寂寞，因为她是一个玩偶，她是那么精致的玩偶，一千年以后挪威的易卜生写《玩偶之家》，不意竟把贵妃的一生一语道破了。

二、玄玉的不伦之恋

历代的男性文人，不管是陈鸿，是白居易，是白朴还是洪升（他们分别写下《长恨歌传》《长恨歌》《梧桐雨》和《长生殿》），都努力忽略史实，把唐玄宗和杨玉环写成一对恩爱情侣。

可是，对我而言，这真是一段“始乱”“终弃”的“不美丽的错误”。所谓始乱，指的是唐玄宗看上的是自己的儿媳妇，便从寿王李瑁身边抢了杨玉环，再借出家漂白一下，重新入宫。这种“不伦之恋”其罪恶的程度比巴里斯王子拐带美女海伦要严重得多了。“朋友妻，不可欺”，但更复杂的是“儿子妻，怎可欺”？

对于这种罪恶，古人有个“专用词”，叫“扒灰”（扒灰是个歇后语，爬在灰上则污膝，而污膝和污媳同音）。任何事情如果有“专用语”，大概都不算太少见。但发生在君王身上比较特别不可原谅，毕竟，他是拥有“后宫佳丽三千人”的男子啊！

当然，如果一定要我接受这份恋情，也可以，你必须让我相信，李隆基爱上了古往今来唯一令他相知相契的女子。没有这女子，他的生命顿失意义，他要跟这女子生同衾死同穴，我们姑且用坚贞深厚的爱情去宽贷违反伦常的失德。

三、唐明皇，不及格的情人

但麻烦的是，考验来了，美人死了，死于暴军。以当时情势言，皇上大约真的是救她不了啦！但即令如此，男人也绝无独自活下去的借口。李隆基如果不能保护这位比他年轻三十六岁的女子，照爱情法则来说，那么唯一的选择就是用身体挡住弩箭，成为美人的盾牌，让两人壮烈的死在一起。

虞姬死了，楚霸王却活着，那还成话吗？林黛玉死了，贾宝玉也注定非出家不可。《泰坦尼克号》电影中死掉的那一个当然必须是男孩莱昂纳多。

所以说，李隆基等于犯了两重罪，一是道德叛徒，二是爱情叛徒。

假如抛开这两件坏事不谈，一定要找出他的优点，我想，我可以欣赏一下他对音乐的品味，在《羯鼓录》中有这样的记载：

明皇尤爱羯鼓玉笛，云八音之领袖。时春雨始晴，帝曰："对此岂可不与他判断？"命羯鼓临轩纵击，曲名春光好。回顾柳杏皆已微坼，上曰："此一事不唤我作天公可乎？"

据载，这就是词牌《春光好》的来源。

故事中的杨玉环其实我们对她全然不知，只知道她是美人。至于她的谈吐，她的眉目，她的渴望，乃至她爱用的香料，我们一概无法想象。相较之下，汉代梁冀的妻子孙寿倒令我印象深刻，她虽是"美丽坏女人"，但她对美的品味却夐绝千古，叫人神往。

四、一首诗中的情谊

对于杨玉环，如果我还知道她一点点癖性的话，那，应该就是她爱吃荔枝了。荔枝肥腴晶剔，有着热带水果的艳红、香馥和甜蜜，是天真小女孩最爱的果实吧？当然，也许那其间还包含“出难题来考验情人”的喜悦。而荔枝，后来果真用传达战况一般的速度传到京城来了。

因为贵妃的数据是那么少，所以我在《全唐诗》中找到她仅有的一首诗，不免益觉宝贵。她的这首诗是赠给人的，这本不稀奇，古人写诗，几乎有一半是为朋友写的，但杨玉环的诗是写给谁的呢？是写给那老头子情人唐明皇吗？不是（同样的，唐明皇也没有诗留给贵妃）。是写给前任丈夫李瑁吗？也不是。原来她是写给一位宫女的，宫女的名字叫张云容，是贵妃的侍儿。这名字看来不像宫女的本名，可能是她的主人贵妃为她取的。灵感则可能从李白的诗句“云想衣裳花想容”得来。（贾宝玉不是也为他姓花的丫鬟取了个“袭人”这样诗意的名字吗？）

《全唐诗》里记录张云容在贵妃和明皇同去绣岭宫的时候也一起去了。绣岭宫即华清宫，用今人的话来说，就是他们去度假，去泡温泉，去SPA了。这种时候想来从人不多，能够一起去的人其身份和地位必然很特殊。换言之，杨贵妃是唐明皇所宠幸的，但杨贵妃也有她自己宠幸的人，便是张云容，杨贵妃的诗便是在华清宫度假时写来送她的。

贵妃因美貌而受宠，张云容因何而受宠呢？张云容善舞，她和杨贵妃的关系是“编舞人和舞者”。戏剧家（如洪升）可能把舞蹈的动作安到杨贵妃身上，以求戏剧化的效果。其实，姑不论贵妃的年龄和体态是否适合跳霓裳羽衣舞，就算适合，以娘娘之尊也未必去跳，能有个十几二十岁的年轻女子为她起舞，怎能不令她爱煞。

这样的旋转，这样的折腰，这样的飞腾，这样的趑趄进退，以及那些雪藕之臂或蝤蛴之颈，千灯齐燃的回眸或万艳同凋而哀婉落地的委屈……

年轻的肌肤，弹性的四肢，贵妃看张云容，如看自己从鸿蒙中唤回来的青春的幻象。

《全唐诗》中，这首诗是这样写的：

罗袖动香香不已
红蕖袅袅秋烟里
轻云岭上乍摇风
嫩柳池边初拂水

其中红蕖是红荷花的意思，袅袅通于袅袅。贵妃，这惯于被他人赞颂的美人，此刻，却在赞颂别人。从诗里，我们看不出张云容的五官面目，她想来不丑（否则很难入宫）。但似乎也并无绝世美貌，上帝的法则很少把几样好东西一股脑加在同一个人身上。

贵妃盛赞的是，张云容远观如轻烟中的红荷，近前来则衣袖中仿佛藏着一艘远方归航的香料船，香味倾泄而出。她又且是山顶上吹云的风，是池塘边嫩黄的新柳，明明自己还柔弱似丝，却偏偏敢去搅乱一池的水……

男女的情爱或者也有恩断义绝之时，社稷宗庙是女子永远打不倒的对手。但歌舞一事，自能留下人世凄绝美绝的一刹，果能拥有这一刹，尘寰种种，也就可以不争了。

大唐盛世，开元天宝，贪嗔痴狂，终不免弦寂管灭，魂断香销……唯贵妃娘娘留下的一首诗里有几分温煦：一个编舞的女子，看见一个年轻的舞者，舞者将编舞者的意念如汲泉一般涓涓引出，那舞姿如风，如荷，如垂腰探水的嫩柳……

——2004年2月20日《联合报》

跋

出书，对我来说，好像一直都是一件简单的事。稿子够了，有人肯出，签个字，剩下的全是出版社和印刷厂的事了。

——但这本《玉想》不同，从整理到出书，竟拖了三年。也许我有了不该有的求全之心。既希望有比较完美的文图配合，又希望让读者知道我急着想经营想建构的究竟是什么？为此，在订稿之后我又删删增增，其中《给我一个解释》和《错误》是后加的。前者又用以代序，多少说明了自己写这本书的用心。但光这两篇文章，在心中吞吐回环，在笔下挨挨蹭蹭，竟也磨掉了一年时光。

这本书的内容不管是抒发自己对中国式美感经验的体会，或对别人缔造的美的解释，或是在现实中对合理生活质量的要求，其实都只围着一个求美的概念在打转。如果美不能成为这个民族的最后救赎，我们真要万劫不复了。

谢谢出版社的纵容，准我一改再改。也谢谢设计家王行恭（本书于1990年初版时，版面规划设计为王行恭先生）费心规划，我们初识于赴印度尼泊尔旅次，一眨眼，已九年了，他仍是那年盛夏克什米尔达尔湖上与天光互映的荷色，清直馨远。

至于我自己，我有些腆，请将我看成十里清陂间的采莲女子吧！暂勿论那采来莲子脆甜与否，且看在那莲蓬的粗皮上尚有今晨朝阳的份上吧！且看在筐篓中尚有清风与水痕的份上吧！我曾一舟独荡，诚心诚意想为你采撷这些水中的菁华回来的啊！

——1990春3月，乌尖连峰

图书在版编目（CIP）数据

玉想 / 张晓风著. —北京：九州出版社，2016. 4
ISBN 978-7-5108-4355-6

Ⅰ. ①送… Ⅱ. ①张… Ⅲ. ①散文集—中国—当代 Ⅳ. ①I267

中国版本图书馆CIP数据核字（2016）第087536号

玉想

作　　者　张晓风　著
出版发行　九州出版社
地　　址　北京市西城区阜外大街甲35号(100037)
发行电话　(010) 68992190/3/5/6
网　　址　www. jiuzhoupress. com
电子信箱　jiuzhou@jiuzhoupress. com
印　　刷　小森印刷（北京）有限公司
开　　本　700毫米×970毫米　32开
印　　张　8. 5
字　　数　250千字
版　　次　2016年6月第1版
印　　次　2016年6月第1次印刷
书　　号　ISBN 978-7-5108-4355-6
定　　价　35. 00元